PARÁBOLAS PARA O CRESCIMENTO PESSOAL
Histórias para a Sua Jornada de Cura

PARÁBOLAS PARA O CRESCIMENTO PESSOAL

Histórias para a Sua Jornada de Cura

❖ ❖

MELINDA REINICKE

Segunda Edição

Copyright © 1993, 2021 por Melinda Reinicke.
Segunda Edição.
Todos os direitos reservados.

Este livro foi publicado, originalmente, em inglês sob o título de *Parables for Personal Growth*, como uma publicação da Autora nos Estados Unidos da América. Esta tradução não pode ser publicada ou reproduzida por terceiros em quaisquer formas, sem a permissão expressa, por escrito, da Editora. Nenhuma parte desta publicação pode ser reproduzida ou distribuída em qualquer forma, por qualquer meio ou armazenada em qualquer banco de dados ou sistema de recuperação sem a permissão prévia da Autora.

Editora
Esly Regina Souza de Carvalho, PhD.
Presidente, Grupo TraumaClinic

Capa
Arte por Raquel Carvalho Hoersting
Diagramação por Raquel Verano

Layout
Caio Entreletras
Gabriel Peixe

Tradução
Rafael Baliardo

ISBN: 978-1-941727-83-6

1. Parables - Uso terapêutico   2. Técnicas de autoajuda.

TraumaClinic Edições.
SEPS 705/905, Ed. Santa Cruz, Sala 441 - Asa Sul.
CEP 70390-055   Brasília – DF / Brasil
www.traumaclinic.com.br
info@traumaclinic.com.br

PARA AQUELES QUE ENFRENTAM
DRAGÕES E A ESCURIDÃO.

Todos os personagens do livro (exceto o Grande e Valoroso Rei) são fictícios.
Quaisquer semelhanças com figuras ou eventos reais são mera coincidência.

O presente livro tem a intenção de contribuir com tratamentos individuais ou terapias de grupo, com os quais o leitor possa ocasionalmente estar envolvido, e jamais substituí-los.

SUMÁRIO

APRESENTAÇÃO 13

EMBARCANDO EM UMA JORNADA POR MEIO DE PARÁBOLAS 15
Sugestões para a sua peregrinação com as parábolas.

◆

O DRAGÃO 21
Comportamentos Autodestrutivos
*Um príncipe luta para resistir à tentação dos
voos secretos com um dragão ameaçador.*

DAMA DE COMPANHIA 29
Codependência
*Ao falhar em libertar o príncipe amado das garras do dragão, uma nobre
dama descobre como liberar a si mesma de exigências que a aprisionam.*

NAS ASAS DO DRAGÃO 39
Recaídas
*Após ceder e subir à garupa do dragão para novos voos noturnos, o
príncipe faz uma trágica descoberta que acaba salvando sua vida.*

◆

O CASTELO FERROLHO I 49
A Criança Interior
*Ao banir súditos e conhecidos, uma princesa se exila em seu castelo. A vida
dela muda ao descobrir uma criança aprisionada vivendo na masmorra.*

O CASTELO FERROLHO II 57
Limites
*A criança inocente que em todos confia e a princesa que não deixa
ninguém entrar no castelo podem, enfim, aprender a viver juntas?*

◆

ESPELHO, ESPELHO MEU 65
Autoconceito
Um diabólico espelho encantado leva a belíssima princesa a acreditar que ela tem uma aparência grotesca. Até que sua verdadeira natureza é revelada.

◆

A PINTURA 73
Depressão e Desespero
O dragão danifica permanentemente a obra-prima de um artista, que, desesperado, encontra uma solução, que irrita muito a fera.

◆

O OGRO 81
Encarando os Medos
Um viajante assustado é engolido vivo por um terrível ogro, mas descobre que o resultado não é exatamente o que esperava.

◆

CASA DE FERREIRO... LAR DO TROLL I 89
Famílias Disfuncionais
Crianças sobrevivem a uma família com um pai abusivo e uma mãe passiva. Os moradores da vila e vizinhos suspeitam que o pai é meio humano, meio troll, e assim o primogênito deve aprender a lidar com sua própria ascendência troll.

CASA DE FERREIRO... LAR DO TROLL II 101
Libertando-se dos Papéis Familiares Disfuncionais
O primogênito retorna ao lar da infância e deve lidar com o pai como um adulto.

OS SÁBIOS ESCOLHIDOS 109
Vitimização no Culto Religioso ou Psicoterapêutico
Na juventude, o filho mais novo viaja para recorrer aos sábios, com o fim de conhecer mais sobre a vida, e aprende mais do que os iluminados inicialmente pretendiam ensinar.

◆

DANÇA NO ESCURO 119
A Perda da Infância
O tio de uma princesa infante a convence a usar seu vestido mágico reservado para quando ela casasse enquanto baila com ela na calada da noite. Envergonhada, ela esconde o vestido rasgado e sujo, com a esperança de que possa ser consertado.

NO BOSQUE SELVAGEM... A ESPERANÇA 129
Fugindo de Nós Mesmos
Ao se aproximar da idade adulta, a princesa foge de um casamento arranjado e encontra a sábia senhora das fadas nas lonjuras da floresta.

LÁGRIMAS SOB A LUZ 139
Recuperação do Abuso Ocorrido na Infância
A princesa embarca em um grande desafio para quebrar o feitiço lançado por seu tio há muito tempo sobre seu vestido de noivado.

◆

MARÉ 147
Ataques de Pânico
Enredada em uma rede de pesca, a sereia descobre o segredo para sobreviver.

◆

O FESTIVAL DOS ELFOS DA FLORESTA 155
Sistemas Familiares
Durante o festival da floresta, a diversão acaba arruinada por uma discussão entre os elfos sobre como dançar corretamente.

A LONGA JORNADA 163
Desculpas
Companheiros de viagem às vezes precisam se separar.

BATALHA NO PÂNTANO 171
Perda e Luto
Guerreiros elfos lutam para sobreviver numa terra pantanosa de trolls saqueadores.

◆

A MALDIÇÃO 181
Lidando com Nosso Lado Sombrio
*Conforme o longo cerco ao castelo do feiticeiro se arrasta, as tropas
do Grande Rei passam a duvidar da sabedoria de sua liderança.*

A JORNADA CONTINUA 189
Tecendo sua Própria História
Existe um conto fantástico da sua vida.

◆

APÊNDICE 1 193
Grupo de Suporte para Explorar as Parábolas

APÊNDICE 2 197
Os Doze Passos da Recuperação
Os Doze Passos dos Alcoólicos Anônimos

RECURSOS 201

SOBRE A AUTORA 203

AGRADECIMENTOS 205

APRESENTAÇÃO

Dragões e cavaleiros, fadas e elfos, um Grande Rei tão misterioso quanto bom. Essas histórias enchem as páginas deste livro com emoção, compaixão e verdade. Às vezes, a verdade é difícil de encarar, mas aprendemos, ao lermos essas histórias de dificuldades e realizações, investimento e vitória, que a verdade nos liberta.

Liberta-nos para fazer novas e melhores escolhas, diariamente e a todo instante. A jornada ao longo da vida os conduz aos confins de um reino misterioso que conhecemos muito bem e que, no entanto, escapa muitas vezes da nossa capacidade de discernir e restaurar nossos domínios.

Eu ouvi a história do dragão diretamente dos lábios de Melinda em 1995 e, desse momento, nasceu um caso de amor com esses contos, que nem mesmo o tempo conseguiu aplacar. Com a permissão da autora, traduzi três das histórias e encontrei um público que não só se comoveu, como encontrou um caminho de cura nas imagens e contos. Logo, choveram pedidos para que o livro fosse disponibilizado na íntegra. O mercado editorial, porém, era muito diferente naquela época...

Depois de décadas e inúmeras mudanças de países com o meu marido, e de me conectar com diversos idiomas, essas histórias voltaram a me abençoar. Depois que o mundo da publicação se tornou acessível em formatos revolucionários, comecei outra jornada: trabalhar com Melinda para viabilizar edições do livro em espanhol e português. Às vezes, eu sentia que também estava lutando contra os trolls e goblins, enquanto cada uma de nós enfrentava obstáculos pessoais e profissionais que nos atravancavam o caminho.

Posso finalmente contar aqui com alegria que o Grande Rei enfim venceu a batalha! O sol está brilhando e as fadas estão tecendo as palavras mágicas em novas línguas, em um novo fluxo de príncipes e cavaleiros, rainhas e princesas, babás surdas e espelhos encantados. A visão da adição nunca mais será a mesma após conhecerem o malicioso dragão. O abuso sexual é explicado com sensibilidade e delicadeza apesar do intenso sofrimento. E agora, um espelho sempre lhe pedirá uma segunda mirada.

Liberamos a magia final do Grande Rei para que seu poder alcance novos reinos. Oro para que abençoem o leitor e também o ouvinte, à medida que cada um de nós encontra seu lugar no mundo mágico da cura e recuperação.

Esly Regina Carvalho, Ph.D.
Presidente, TraumaClinic Group
(Também conhecida como a Fada Madrinha desta edição)

EMBARCANDO EM UMA JORNADA POR MEIO DE PARÁBOLAS

Em um reino mítico não muito longe das lutas internas que você trava dentro de si, é possível encontrar, nestas páginas, viajantes que lhe farão companhia durante sua estada por lá. Um nobre príncipe que fraqueja sob o domínio de um perigoso dragão pode lhe ensinar sobre o processo de ter de se livrar de um comportamento autodestrutivo. Em outra parábola, um espelho encantado leva a princesa a acreditar que tem a aparência grotesca. Posteriormente, ela descobre sua verdadeira identidade.

As alegorias expressas pelas parábolas não apenas nos ajudam a reconhecer nossas feridas, mas também nos mostram como curá-las. Existe algo sobre as histórias de fantasia que sussurra nos corações de quem as escuta e nos ajuda a aceitar a verdade em nossas vidas. Sentimos as emoções, percebemos a dificuldade do caminho que temos pela frente e carregamos conosco as imagens que nos encorajam durante as escolhas que enfrentamos.

Escritas para adultos durante uma jornada de crescimento pessoal, as parábolas aqui compiladas falam tanto ao coração quanto à mente. Comportamentos autodestrutivos, codependência, a luta da criança interior, o estabelecimento de limites, depressão, autoconceito, perda da inocência, abuso infantil, interações familiares disfuncionais, medos, ansiedade, vitimização; perdão e abandono; perda e luto: muitos desses se aplicam, se não a você, então a alguém que você ama. Mesmo questões que podem, superficialmente, não ter nada a ver com sua experiência, guardam paralelos com algo que você viveu. O dragão que você encara pode não corresponder a um vício ou compulsão, mas, as garras do comportamento autodestrutivo não lhe são tão estranhas. Seu tio pode não ter dançado com você no escuro, e, ainda assim, você se sentir traída por alguém que amava.

Da mesma forma, o gênero dos principais personagens se alterna, mas as verdades se aplicam igualmente a qualquer um deles. Existem muitos codependentes do sexo masculino, muitas mulheres que se comportaram como os bodes expiatórios enraivecidos em suas famílias e homens que foram molestados quando crianças.

As parábolas são particularmente úteis para liberar sentimentos que acabaram soterrados. Portanto, pergunte-se ao vivenciar a parábola: "O que estou sentindo? Que parte da história provocou a emoção? Qual é o paralelo com a minha própria vida?"

PARÁBOLAS PARA O CRESCIMENTO PESSOAL

Uma seção para reflexão pessoal se segue a cada parábola. O objetivo de tais páginas é buscar o envolvimento via escrita, por meio de desenhos, imaginação, ou mesmo meditando ou através de demais atividades destinadas a conduzi-lo a uma vida mais plena. Sinta-se à vontade para pular os exercícios para os quais não se sente pronto. E, se a qualquer momento, você se sentir desconfortável em virtude de lembranças ou emoções provocadas pela leitura de uma das narrativas, fale com um bom amigo ou conselheiro.

Uma vez que toda jornada é mais agradável se feita com companhia, você pode considerar compartilhá-la com um amigo ou padrinho/madrinha dos Doze Passos ou do respectivo grupo de apoio. O livro se presta tanto para o uso como diário individual quanto à exploração em grupo. Para aqueles que desejam obter mais informações sobre o uso coletivo, consulte o Apêndice 1.

Mesmo que você seja um ávido leitor da literatura de autoajuda e autoconhecimento, as parábolas, muitas vezes, podem ter efeito sobre a uma parte sua não acessada pela leitura de outras obras. Ou talvez você tenha outro perfil e não goste de ler ou não esteja familiarizado com os princípios da "literatura de recuperação". Ainda assim, é possível que as parábolas introduzam os leitores, de forma estimulante, ao tema do crescimento pessoal, sem entediar ou sobrecarrega-los com "psicologismos".

Você pode ser um viajante novato, tendo descoberto só recentemente o caminho para a totalidade. Talvez esteja ansioso para saber o que vem pela frente e como chegar lá. Outros podem ser viajantes experientes, mas gostariam de receber algum incentivo ao longo da intensa peregrinação. Afinal, trata-se de uma jornada sem um ponto específico de chegada. Quanto mais viajamos, mais fortes nossas almas machucadas se tornam, tropeçamos em cada vez menos armadilhas e mais beleza notamos ao nosso redor. Que as parábolas ajudem os leitores a desfrutar dessa incrível viagem.

Melinda Reinicke

Em um reino mítico não muito distante dos desafios enfrentados pelo leitor...

O DRAGÃO

Certa feita, havia um grande e valoroso Rei cujo reino vivia sob o terror permanente de um ardiloso Dragão. Como uma enorme ave de rapina, a fera cheia de escamas se comprazia em devastar aldeias com seu hálito de fogo. Os infelizes bem que tentavam escapar dos lares em chamas, mas acabavam abocanhados pelo bicho ou entre suas garras. Aqueles devorados imediatamente eram considerados os de sorte, ao contrário das vítimas carregadas para serem engolidas aos poucos no covil do Dragão.

O Rei liderou seus filhos e cavaleiros em incontáveis campanhas contra a serpente alada. Toda vez que conseguiam ferir o monstro, ele se recolhia em seu covil escondido entre as montanhas. Os habitantes do reino podiam assim desfrutar de um pouco de paz enquanto o Dragão estivesse se recuperando. "Coragem! ", disse o Rei aos seus súditos. "Um dia o Dragão estará morto".

Cavalgando sozinho pela floresta durante um desses períodos de paz, um dos filhos do Rei ouviu seu nome ser dito suavemente como se alguém o sussurrasse baixinho. Sob as sombras das samambaias e árvores, enroscado entre as pedras, estava o Dragão. Os olhos marcados por pálpebras pesadas miravam o Príncipe, e a boca reptiliana ensaiava um sorriso amigável.

"Não tenhas medo", disse o Dragão enquanto fiozinhos de fumaça subiam languidamente de suas narinas. "Eu não sou o monstro que o seu pai pensa".

"Então o que és?", questionou o Príncipe enquanto desembainhava sua espada furtivamente e mantinha recolhida as rédeas de seu ressabiado cavalo, impedindo que a montaria disparasse.

"Eu sou o deleite", disse o Dragão. "Suba à minha garupa e você experimentará o que jamais imaginou. Venha! Não tenho más intenções. Procuro um amigo, alguém que eu possa compartilhar o momento do voo. Nunca sonhou em voar? Em pairar acima das nuvens? ". O sol refletia os raios luminosos nas escamas esverdeadas e metálicas do Dragão. "Traga sua espada por segurança, se assim preferir, mas dou minha palavra, nada de ruim irá lhe acontecer".

Hesitante, o príncipe apeou do cavalo ao se imaginar voando muito acima das colinas cobertas pelos bosques verdejantes. O Dragão então estendeu uma de suas asas membranosas para que o jovem pudesse montar sobre o dorso espinhoso da fera, e o rapaz encontrou assento em uma saliência em meio à couraça pontiaguda do Dragão. As colossais asas da criatura chicotearam o ar duas vezes, os lançando assim ao alto. Uma vez sobre os céus, o Dragão deslizava sem esforço pelas correntes de vento, e logo a apreensão do Príncipe transformou-se em admiração e alegria.

A partir de então, ele passou a encontrar o Dragão com frequência, mas em segredo, afinal, como poderia contar a seu pai, irmãos e aos demais cavaleiros que se tornara amigo da fera? Sentia-se agora distante de todos. Suas preocupações não eram mais a de seus familiares e membros da corte. Mesmo quando não estava na companhia do Dragão, passava menos tempo com aqueles quem amava e permanecia longas horas sozinho.

Logo, começou a ter calos nas pernas de tanto montar a garupa do Dragão, e suas mãos se tornaram mais duras e ásperas, o que ele disfarçava usando luvas. Depois de noites voando sobre a fera alada, percebeu que agora escamas se formavam no dorso de suas mãos. Assustado, vislumbrou qual seria sua sorte e assim deu por encerrado os passeios com a fera.

Assolado, no entanto, pelo desejo de retomar a aventura, voltou a procurar o bicho em não mais do que duas semanas. Não obstante a determinação em resistir, o jovem se viu compelido a encontrar o Dragão, como se fosse capturado por uma teia invisível. Silenciosamente e com paciência, a fera apenas aguardava.

Numa noite fria e sem lua, a excursão pelos céus converteu-se, sem demora, em uma implacável investida contra uma aldeia em que os habitantes dormiam despreocupadamente. Lançando rajadas de fogo com suas narinas incandescentes sobre os tetos de palha, o Dragão bramia exultante ao ver as pessoas em pânico abandonarem os lares em chamas. Dando um rasante, a serpente alada baforou novamente outra rajada, engolfando sob suas labaredas um grupo de aldeões aterrorizados. O príncipe fechou os olhos como que para silenciar dentro de si a imagem da matança que testemunhava, mas os gritos de agonia e o odor de carne queimada ainda insistiam em fustigá-lo. O pescoço alongado do Dragão serpenteava como uma víbora e, com espasmos violentos no ar, a fera triturava ossos ao devorar suas presas incineradas.

Nas muitas madrugadas que príncipe cambaleava de volta do encontro com o Dragão, a estrada que seguia para o castelo do seu pai geralmente permanecia deserta. Naquela noite foi diferente. Exaustos e em pânico, os refugiados vagueavam buscando guarda sob as muralhas do castelo. O príncipe caminhou entre a multidão, passando por mães maltrapilhas que carregavam seus filhos em prantos pela dor dos ferimentos infligidos pelo ataque. Algumas das vítimas, sem poder andar, eram transportadas em carroças ou carregadas em macas improvisadas.

O coração do príncipe estava em frangalhos. A dor dos aldeões lhe pôs em lágrimas e encheu sua alma de vergonha. "O que me tornei?", indagou a si próprio. Naquele instante, almejou ainda com maior ânsia livrar-se da criatura. Talvez o pai, do alto de toda sua sabedoria, pudesse ajudá-lo. Porém, o Príncipe temia que a verdade fizesse com que o Rei julgasse a conduta do filho como algo abominável. Certamente, acabaria deserdado, exilado ou morto.

O castelo parecia um formigueiro em frenesi com toda a correria para socorrer às vítimas amontoadas no pátio. O príncipe tentou escapar em meio à multidão e seguir anonimamente para seus aposentos, mas, alguns dos sobreviventes o viram e começaram a apontar para ele.

"Ele estava lá também! ", gritou uma mulher. "Eu o vi montado no Dragão". Outros acenavam com a cabeça em concordância, demonstrando raiva. Horrorizado, o príncipe viu seu pai parado no meio do pátio, segurando em seus braços uma criança que perdia sangue. A expressão do Rei refletia agora a agonia dos seus súditos quando os olhos de ambos se encontraram. O príncipe pôs-se em fuga na esperança de escapar noite adentro, mas os guardas o renderam como se ele fosse um reles marginal. O conduziram assim ao grande salão onde seu pai sentava-se solenemente sobre o trono. De ambos os lados do recinto real, os súditos queixavam-se do filho do Rei.

"Exílio!", ouviu o príncipe de um de seus próprios irmãos.

"Deserde-o!"

"Queime-o vivo!", outras vozes gritaram.

O Rei soergueu-se do trono com suas vestes ainda manchadas do sangue das vítimas. O silêncio era total por parte dos súditos, na expectativa pela sua palavra. O Príncipe fitava as pedras do piso, sem coragem de encarar o pai nos olhos.

"Tire suas luvas e a túnica!, ordenou o Rei. O príncipe o obedeceu vagarosamente, com receio de que os traços de sua metamorfose fossem expostos diante de todos. Já não era suficiente sua imensa vergonha? Esperava uma morte rápida sem mais humilhações. Porém, as reações de repulsa da multidão cresciam conforme se avistava a pele escamada e a crescente crista que se formava ao longo de sua espinha.

O Rei aproximou-se do filho, que se preparou para receber o golpe a ser desferido pela mão esquerda do Rei, embora jamais houvesse levado surras do pai.

Ao invés disso, o Rei o abraçou sob lágrimas enquanto apertava o filho com força entre seus braços. Incrédulo e sob choque, o príncipe enterrou o rosto junto ao ombro do pai. "Você deseja ser libertado do Dragão, meu filho?', perguntou o monarca.

"Por tantas vezes desejei isso, mas não há a menor esperança para mim", respondeu o príncipe desolado.

"Não, sozinho", disse o Rei. "Não há como vencer a serpente alada sozinho".

"Não sou mais o teu filho, pai! Metade de mim transformou-se na besta", lamentou o príncipe aos soluços.

Mas, o pai respondeu – "Meu sangue ainda corre em tuas veias. Minha nobreza foi esculpida fundo na tua alma. Nada ou ninguém pode tomar isso de você".

Com o rosto ainda lavado de lágrimas e enfiado junto ao ombro de seu pai, o príncipe ouviu o Rei orientar a multidão. "O Dragão é astuto. Alguns são vítimas de seus ardis, outros provam de sua violência. A misericórdia alcançará a todos que desejarem se ver livres dele. Quem mais, entre vocês, montou a fera?

Ao erguer a cabeça, o príncipe viu alguém emergir da multidão. Para sua surpresa, reconheceu o irmão mais velho, condecorado pela valentia ao enfrentar o Dragão e por suas inúmeras boas obras. Outros começaram a se aproximar, alguns também em lágrimas, outros, com o olhar baixo de vergonha. Mesmo a irmã do príncipe, conhecida pela linda voz, descalçou os sapatos, revelando escamas pontiagudas em seus pés.

O Rei acolheu a todos.

"Está é a arma mais poderosa que temos contra o Dragão. A verdade. Sem mais voos secretos! Sozinho, ninguém pode resistir à fera. Juntos, vocês hão de prevalecer, pois um dará força ao outro. Aqueles entre vós que se julgam imune às artimanhas da serpente, cautela para não serem os próximos a fraquejar. Aqueles já encurralados por ela, seu desejo por liberdade tem de superar a cobiça pelo voo do Dragão. A batalha será longa e feroz. Com o tempo, irão escolher enfrentar a besta a ceder a ela".

"As escamas desaparecerão?", perguntou a irmã do príncipe, fitando os próprios pés descalços.

"Não, criança.", respondeu o rei com ternura. "Mas com o tempo, elas irão diminuir e, algum dia, quando o Dragão estiver finalmente morto, não haverá mais traços da deformidade".

"Morte ao Dragão", alguém gritou em meio à multidão, e, em uníssono, todos responderam, "Morte ao Dragão! Longa vida ao Rei!".

Reflexão pessoal

Os trechos da parábola que mais me tocaram...

_____
_____
_____
_____
_____

Quando leio esses trechos, sinto...

_____
_____
_____
_____
_____

Que situações na minha vida considero análogas à parábola?

_____
_____
_____
_____
_____

Assista ao vídeo da Parábola do Dragão em
www.youtube.com/watch?v=6haX7K55TKo

Todos nós sofremos com uma certa tendência a comportamentos autodestrutivos, que nos enredam como um dragão ardiloso. No espaço abaixo, desenhe duas figuras. Não se preocupe com o nível de habilidade artística. Desenhe simplesmente, como fazia quando criança..

Eu na sombra com o Dragão

Eu, liberto do dragão

Grupos que aplicam o Programa de Doze Passos e A Confiança em um Poder Superior

O acolhimento e incentivo oferecidos por um grupo que aplique o Programa de Doze Passos são inestimáveis. São disponibilizados encontros gratuitos independentemente do tipo de dragão presente em sua vida, em diferentes modelos para grupos de anônimos: Alcoólicos Narcóticos, Comedores Compulsivos, Dependentes de Sexo, Jogadores, o Celebrate Recovery®, entre outros. Você encontrará pessoas que compartilham de sua luta e sofrimento e que se sentem consoladas pela ideia de empatia de um Poder Superior ao percorrerem o caminho da recuperação. Você não vencerá o dragão envergonhado e sozinho.

Se ainda hesita em procurar ajuda, não decida agora. Sua meta, neste momento, é apenas pesquisar opções online e talvez considerar participar de um encontro que ocorra em um local próximo de você.

DAMA DE COMPANHIA

Uma multidão exuberante saudava os cavaleiros que retornavam da batalha. O Dragão, enfim, caíra gravemente ferido. Haveria paz na terra enquanto a criatura permanecesse escondida nas profundezas de seu covil, lambendo as feridas. Infelizmente, um magnífico corcel foi tragado pelas mandíbulas do dragão, mas os cavaleiros escaparam sem ferimentos mais graves. Exaustos e machucados, eles foram se atirando pelo pátio conforme chegavam. Pajens corriam para remover a armadura de seus senhores.

A princesa também se movia em meio à multidão, conferindo os curativos e os cuidados ministrados aos cavaleiros, pois a jovem era conhecida justamente por suas habilidades em tratar dos enfermos e feridos. Seus olhos logo pousaram sobre uma bandagem improvisada às pressas em torno da mão ferida de um dos cavaleiros.

"Ninguém cuidou do seu ferimento.", ela lamentou, posicionando sua cesta de ervas medicinais ao lado do homem golpeado em batalha.

"Há outros que precisam de mais cuidados", respondeu ele.

"Estão sendo todos tratados.", disse a princesa que, ao tocar o braço do cavaleiro, reparou que ele estranhamente se esquivou. Ela não o conhecia, pois se tratava de um dos homens enviados pelo ilustre Grande Rei para ajudar os soldados de seu pai a enfrentar o dragão.

"Venha agora," ela disse ao censurar o gesto do cavaleiro e ao estranhar que um guerreiro pudesse temer a mera ardência dos unguentos.

"Eu mesmo cuidei", explicou o homem.

Sem se dar por vencida, ela tomou com firmeza o braço do homem e desfez o curativo mal engendrado com um pedaço de pano todo ensanguentado. Ao mirar o ferimento, deteve, contudo, seu gesto. A pele dele era toda escamada, os cortes abriam fendas no couro duro do braço. Percebeu então que o cavaleiro ocultava a outra mão em uma luva.

Este era, portanto, um dos filhos do Grande Rei, que havia se deixado seduzir e voado secretamente com o Dragão. Ela tinha ouvido histórias sobre o escândalo: como aqueles atraídos para voar com o Dragão ficavam mais parecidos com as bestas a cada encontro secreto; como o Rei havia perdoado todos enganados pela fera alada; como eles lutaram bravamente para se libertar da influência do Dragão e enfrenta-lo onde quer que atacasse.

Em silêncio, ela verteu a água de um pequeno um barril para enxaguar a ferida e depois aplicou uma pomada. Agora entendia a relutância dele em aceitar ajuda. Só podia imaginar a vergonha que o cavaleiro carregava consigo. Substituindo a bandagem imunda por uma limpa ela olhou furtivamente para o rosto sem cicatrizes do rapaz. A face era bela e os olhos, amáveis. Por um momento, ela reconheceu gratidão no olhar do cavaleiro, seguido, contudo, por um semblante repentino de raiva. Confusa, ela tratou de se despedir brevemente.

Curiosa, a dama decidiu fazer perguntas e descobriu que ele era bem quisto entre os demais guerreiros. Mais tarde, durante o banquete noturno, ela percebeu que o cavaleiro conversou com tranquilidade com muitos dos presentes e deu atenção até a moças que flertavam abertamente com ele, mas teve a impressão de que o príncipe a evitava. Decidida a conversar com ele em particular, a princesa o convocou para que se apresentasse junto à varanda do jardim, onde ela trabalhava uma tapeçaria em seu tear.

"Minha dama," ele a cumprimentou educadamente, com frieza.

"Valoroso príncipe, como eu o ofendi para que você me tratasse tão mal?", ela o questionou com uma voz agradável.

"E de que modo tenho sido indelicado, boa dama?", respondeu enquanto a encarava furtivamente

"Ora, ao evitar conversar comigo."

"Pensei que vossa alteza não teria interesse em se ocupar de minha pessoa," a boca do príncipe parecia se distender, denunciando uma agressividade velada.

"Quem não gostaria de fazer amizade com um cavaleiro tão nobre e valente?"

"E que possui escamas no lugar da pele", disse o príncipe em um tom de desafio, decidido a afastá-la.

"As escamas são apenas mais uma prova de sua coragem. Ouvi dizer que a luta para resistir em voar com o dragão é a mais difícil de todas as batalhas."

"Apenas porque só os fracos têm de a lutar", disse ele.

"Você se julga muito duramente."

"Você não sabe que tipo de homem sou eu", disse ao projetar o olhar para além da princesa.

"Então me diga."

O príncipe então voltou a encarar a dama nos olhos. "Quando minha mente não está ocupada com algo, sou assaltado pelas lembranças dos voos. O desejo de poder voar novamente é um feitiço constante em minha vida. Meu sono é invadido por sonhos de voar e pesadelos em que as asas da fera são minhas. E, às vezes, os pesadelos não parecem tão horríveis, pelo contrário, são um consolo, me trazem a paz. Pois, eu não teria mais de lutar. Simplesmente, sucumbiria, aceitando me transformar em uma fera. Esse é o tipo de homem que sou. Então, minha dama, nutra, gentilmente, repulsa por mim, pois creio que é menos degradante do que sentir pena. "

"Eu não senti pena de você, bom senhor," ela rebateu.

"Eu a vi em seus olhos quando você tratou da minha ferida."

"Você está enganado. Tampouco o considero repulsivo. Não há esperança de amizade entre nós? " A princesa sorriu com o intuito de desarmar a hostilidade do rapaz.

Ele piscou os olhos surpreso. "Perdoe-me por julgá-la tão mal", disse ao sorrir com cautela.

Cerca de um ano após aquela conversa na varanda, eles estariam noivos. Embora o noivado não tivesse se estendido mais do que o normal, apenas o casal sabia o motivo da espera. As escamas do príncipe desbotavam e desapareciam conforme ele resistia o desejo de voltar a voar com o Dragão. De tal modo, ele atrasou o matrimônio porque almejava consumar o casamento com a aparência mais próxima possível a de um homem normal. E seus corações apenas se tornaram mais íntimos durante os meses de espera.

Após a cerimônia, ela veio com o príncipe para morar no castelo do Grande e Valoroso Rei, e a felicidade de ambos parecia não ter limites. Depois de certo tempo, no entanto, a princesa percebeu uma sombra de melancolia a perturbar o rosto de seu marido ou, por vezes, uma inquietante expressão dispersa em seus olhos.

Ela assim se predispôs a amá-lo ainda com mais ímpeto e dedicar-se ainda mais ao casamento. Passou a supervisionar a preparação das refeições favoritas do marido; costurava túnicas reais para ele, mais delicadas do que qualquer outra já vista no reino. A princesa escreveu baladas sobre a bravura do príncipe, acompanhadas pelas mais belas melodias, e não as deixou de cantar para o esposo diante dos amigos dele.

Entretanto, em muitas noites, o príncipe dava as costas para a mulher e adormecia sem retribuir uma única carícia. Ela se questionava como havia falhado com ele. Alguma outra donzela roubara talvez seu coração? Para cortejá-lo de volta, a princesa trançou o cabelo de maneira bastante atraente, usando novas fitas. Da mesma forma, trajava seus melhores vestidos na presença do marido e perfumava sua pele. Ela ficava sempre ao lado dele quando estavam em companhia de outros e dava plena atenção sempre que o príncipe falasse.

Finalmente, certa noite, às lágrimas, ela questionou o marido: "O que há de errado? Por que você está tão distante de mim?"

"Nada está errado," ele assegurou. "Nunca estive mais feliz. Você imagina coisas porque está com saudades de casa. Vá para casa por um tempo e visite sua família."

"Talvez você esteja certo," ela concordou.

Quando a princesa retornou da visita, o marido se esquivou quando ela tentou abraçá-lo. Algo nos olhos dele a lembrou da vergonha e da raiva que percebera quando se encontraram pela primeira vez.

"Meu marido, certamente algo está errado. O que eu fiz para te ofender?"

"Acabou de voltar e você já está me inquirindo como se fosse minha babá", ele a repreendeu com raiva. "Eu casei para ter uma esposa, não uma mãe."

"Me perdoe. Diga-me o que você quer e eu o farei."

"Pare de me questionar. Nada está errado, exceto suas perguntas incessantes."

Naquela noite, quando ele adormeceu, ela se aconchegou em suas costas para abraçá-lo sem que o despertasse. Ao longo das costas do marido, ela sentiu algo deformado. Ela passou a mão por baixo do pijama e se afastou abruptamente ao sentir as escamas pontiagudas e ásperas a espetarem. Finalmente podia entender. Ele havia fraquejado sob o poder do Dragão mais uma vez. Agora conhecia seu inimigo, poderia lutar contra ele. Ela impediria o príncipe de encontrar o Dragão naquela noite mesmo. Silenciosamente, para não o acordar, ela tirou do guarda-roupa uma faixa de tecido bastante resistente e atou as mãos do marido, prendendo a outra extremidade na cabeceira da cama.

Quando a Lua se levantou amarela na noite escura, ele acordou e praguejou ao perceber que estava atado à cama.

"O que é isso?!" "Você está louca, mulher?"

"Você não tem que encontrar o Dragão", disse para confortá-lo. "Vou te ajudar."

"Você está louca, mulher! Eu quero ir ao banheiro."

"Vou trazer um penico para você. Eu trago o que você precisar. Eu te amo."

"Então me desamarre," ele exigiu.

"Não vou permitir que você vá", ela disse.

Ele a olhou nos olhos com tanto ódio que aquilo despedaçou o coração da princesa. Ele rasgou então a faixa com os dentes e se libertou. Ela implorou para que ele ficasse, mas ele deixou o recinto, irado.

Na noite seguinte, depois que o marido dormiu profundamente, a princesa trancou a porta do quarto com um cadeado. Quando a Lua despontou no céu noturno, ele deixou a cama e se deparou com a porta travada

Enfurecido, ele a agarrou, procurando nas mãos da princesa. "Onde está a chave?"

"Eu vou mantê-lo seguro do Dragão aqui comigo. Você não tem que lutar sozinho contra a tentação. Vou te ajudar. Eu amo você!"

Ele a empurrou e vasculhou o quarto até encontrar a chave escondida. A princesa o seguiu pelo corredor, segurando desesperadamente seu braço.

"Afaste-se de mim," ele gritou jogando-a contra a parede de pedra enquanto saía. A princesa soluçava sozinha atirada no corredor vazio.

◆

De manhã cedo, ela correu para falar em particular com o pai do marido. O Grande Rei sempre reservava tempo para ela, tratando-a como se fosse sua própria filha. O soberano a escutou com um semblante sombrio enquanto a princesa vertia sua dor jorrando lágrimas.

Ele permaneceu em silêncio mesmo depois que ela havia cessado de falar, e a princesa então o questionou. "Como você vai impedir que ele saia do castelo novamente à noite? Você enviará cavaleiros para contê-lo ou trancá-lo na masmorra?"

"Nenhum dos dois. Meu filho deve fazer suas próprias escolhas." A tristeza revestiu o rosto do monarca.

A princesa não se conteve. "Você deve fazer algo antes que seu filho esteja perdido para nós! Você não pode ficar parado e deixá-lo se destruir. Se você o amasse como eu, o senhor o impediria." Lágrimas amargas lavaram sua face.

O Rei então olhou profundamente nos olhos da princesa. "Algumas feridas devem ser deixadas abertas para cicatrizar."

"Não vou abandoná-lo quando ele mais precisa de mim." Disse ela em um rompante, ao deixar a presença do Rei.

Dois dias se passaram sem que o príncipe voltasse ao castelo. A princesa então reuniu um grupo e empreendeu uma busca a cavalo. Seus apelos ecoavam sem resposta através de vales arborizados e florestas montanhosas. Depois de muitos dias, apenas a princesa prosseguiu com a busca. Os demais tentaram dissuadi-la, mas ela não lhes deu atenção. Ela não poderia contar com mais ninguém, concluiu. Muito menos o Grande Rei, que não participara dos esforços sequer uma vez.

Durante uma tarde na floresta de galhos retorcidos, os ecos de seus apelos foram respondidos de dentro de uma caverna. Porém, não se tratava do príncipe. Um troll malicioso se lançou na direção da dama, saído da completa escuridão. Do mesmo modo, surgido de forma totalmente inesperada, um dos cavaleiros do Rei surgiu de espada em punho e expulsou a criatura ofegante.

Recuperada do susto e voltando seu cavalo assustado para o cavaleiro, a princesa perguntou: "Há quanto tempo você está me seguindo e quem o enviou? O Rei?"

"Minha dama, por ordem do Rei, eu tenho seguido vossa alteza desde que a princesa começou a procurar pelo príncipe sozinha."

"Diga-me", ela soou com rancor, "por que o Rei se preocupa com a minha segurança quando se recusa a proteger seu próprio filho do Dragão?"

O cavaleiro não teve resposta para a pergunta.

O dever do cavaleiro logo cessou quando o inverno caiu e a neve confinou todos no castelo. A princesa sofreu pela falta do marido e temeu que ele estivesse morto ou vivendo como um animal em alguma caverna escura. Ela chorava, lembrando-se das risadas que compartilharam em sua felicidade e da ternura do abraço tenro e firme do marido. Seu coração não tinha porque mais cantar durante meses, e quando ela finalmente tomou sua lira, apenas canções de tristeza jorraram. Em seu tear, uma tapeçaria tomou forma de cores sombrias e tristes.

A princesa se manteve sozinha e recebia poucas pessoas. Evitava especialmente o Rei. Mas, certa manhã, aventurando-se de seus aposentos para assistir ao nascer do sol no jardim, ela descobriu o rei parado ali, como se estivesse esperando por ela. A princesa pretendia se virar e sair sem que ele notasse sua presença, mas ali ficou.

Eles não trocaram palavras enquanto o amanhecer, acompanhado por ondas róseas onduladas, brincava no horizonte. Logo, as lágrimas da princesa verteram além de seu controle.

"Toda a minha vida", ela soluçava, "eu trouxe a cura para a dor. Mas quando a pessoa que mais amo precisou de mim, não consegui salvá-la do perigo. "

O Rei envolveu, de forma reconfortante os braços em torno dos ombros da nora. "Você não falhou com ele. O príncipe deve buscar a cura para si mesmo. Assim como só você pode se curar de sua própria dor de cabeça. "

Eles caminharam em silêncio por um tempo antes de o Rei perguntar suavemente: "Você já comeu esta manhã?"

A pergunta a irritou um pouco. Se ela comia ou não, aquilo não importava em comparação com a tragédia do príncipe. "Tenho tido muito pouco apetite ultimamente."

Ele alcançou os galhos de uma árvore e entregou-lhe frutas maduras. "Você deve se alimentar, minha filha."

Para ser educada, ela deu uma mordida em uma das frutas, mas não encontrou alegria nisso.

O Rei sorriu. "Era uma vez uma mulher gentil que alimentava muitas pessoas famintas em sua mesa. Ela ficou muito fraca porque nunca teve tempo para comer. Então, um dia, ela percebeu: 'Devo sentar e comer com meus convidados ou não poderei cuidar de ninguém'".

O Rei continuou. "Da mesma forma, era uma vez uma graciosa mulher que tecia as mais belas tapeçarias do reino. Ela dava os tapetes para trazer alegria aos outros. Então, um dia, ela disse a si mesma: 'Não seria egoísmo da minha parte iluminar também minhas próprias paredes nuas'".

A princesa presumiu que alguém deve ter contado ao Rei como ela sempre dava de presente as tapeçarias que tecia. Na verdade, as únicas tapeçarias em seus aposentos em casa eram velhas e desbotadas, que herdara de ancestrais mortos há muito tempo.

Nos dias que seguiram, ela ponderou as palavras do Rei e olhou para o tear ocioso. A tapeçaria escura e triste jazia inacabada. Certa manhã, ela pegou um fio roxo e teceu uma ilustração naquele mesmo padrão sem cores ou graça. À medida que a tapeçaria tomava forma, um conforto inesperado cresceu dentro dela.

Nas semanas seguintes, as primeiras flores brotaram do solo descongelado. A princesa planejava voltar para casa quando as estradas lamacentas secassem, embora soubesse que era bem-vinda para ficar. Ela esperava ver o príncipe libertado novamente do Dragão, mas, por enquanto, decidira por não mais esperar.

No dia da partida, a família de seu marido se reuniu ao redor da carruagem para lhe desejar boa sorte. No final, o Rei colocou uma cesta de frutas no assento ao lado da nora. "Para sua jornada," ele disse.

Ela sorriu agradecida. "Obrigado por sua gentileza para comigo de muitas maneiras. Não foi fácil para mim ouvir de sua sabedoria, mas levei suas lições a sério. Tenho uma nova tapeçaria junto de meus pertences que levo na carruagem. Eu sei exatamente o lugar onde vou gostar de pendurá-la nos meus aposentos quando chegar em casa."

Reflexão pessoal

Os trechos da parábola que mais me tocaram...

_____
_____
_____
_____
_____
_____

Quando leio esses trechos, sinto...

_____
_____
_____
_____
_____
_____

Que situações na minha vida considero análogas à parábola?

_____
_____
_____
_____
_____

Cuidando de mim mesmo(a)

A tristeza e a turbulência em amar alguém que sofra com um vício podem ser uma sensação esmagadora. Como a princesa, você não pode curar o ente querido preso a um vício, mas pode curar a dor em sua própria vida. Os grupos de apoio Al-Anon para companheiros e familiares daqueles que lidam com adição de álccol têm reuniões organizadas separadamente àquelas destinadas aos dependentes de substâncias. Você será encorajado (a) por outras pessoas que estão na mesma jornada e podem ajudá-lo(a) a evitar armadilhas.

Mesmo sem se relacionar com um adicto, algumas pessoas se concentram tanto nas necessidades dos outros que perdem de vista suas as próprias. Pessoas de bom coração que negligenciam o autocuidado podem acabar exaustas e deprimidas. Encontrar um equilíbrio entre o tempo para os outros e o tempo para si mesmo é algo que revigora.

Que atividades relaxantes e revigorantes você negligenciou para si mesmo(a)?

_____

_____

Escolha uma atividade para agendar em breve, para você ou com um amigo que não enfrente problemas de dependência.
Amigos saudáveis têm conversas bidirecionais sobre a vida de ambos. Eles falam sobre coisas interessantes e não apenas sobre problemas. Riem e se divertem juntos com um hobby compartilhado.
Se você não tem um amigo assim, quem você conhece que gostaria de passar algum tempo para ver se uma amizade pode crescer daí?

Aprendendo mais

Codependência é um termo usado quando alguém está excessivamente envolvido na vida de outras pessoas.
Os livros da autora Melody Beattie *"Codependência Nunca Mais"* e *"Além da Codependência"* trazem sugestões práticas para cuidar de si mesmo e dos outros de maneira mais saudável.

NAS ASAS DO DRAGÃO

O príncipe pulou na imensa garupa do Dragão. A vida era tão mais fácil agora que ele não tinha de voltar ao castelo do pai. Não importava o quão parecido com a fera ele se tornasse. Voando do anoitecer ao amanhecer e dormindo durante o dia no aquecido covil de inverno do Dragão, fez o que queria, sem precisar responder a ninguém.

Suas pernas logo tornaram-se arqueadas e curvas. Seu rosto se incrustou de escamas até que seu nariz se tornasse um focinho, com dentes afiados e protuberantes. Suas costas agora doíam quando ele ficava ereto, então passou a se curvar mais para frente, porque assim era mais confortável.

De tal feita, em um crepúsculo de primavera, enquanto ele navegava nas correntes de vento sobre o dorso do Dragão, uma dor incrível se apoderou dele. Era como se os músculos de seus ombros e costas estivessem se despedaçando. O príncipe caiu para frente, agarrando o pescoço do Dragão para que não morresse durante as convulsões. O Dragão voltou a cabeça para avaliar o peso de sua carga e então sorriu com malícia antes de chicotear o pescoço para derrubar o príncipe.

Em choque e pânico, o príncipe seguiu em queda livre até que, milagrosamente, asas se abriram ao seu redor. A queda se transformou assim em uma abrupta arremetida e ele pousou no chão, atordoado. As asas membranosas dobraram-se perfeitamente atrás dele. Eram suas próprias asas. Esticando-as de cada lado para inspeção, o príncipe se sentiu estranhamente satisfeito. A metamorfose agora estava completa. Ele não precisava mais do Dragão para voar; era autossuficiente agora.

Aterrissando ao lado dele, o Dragão alisou uma de suas próprias asas e ronronou: "Você nunca será tão grande quanto eu, mas ainda assim será bastante divertido cruzar os céus. Vamos! Decolar!"

O príncipe bateu as asas e cambaleou, ainda inseguro, para o alto. Porém, seu deleite durou pouco, pois o Dragão se lançou sobre ele, o golpeando com as garras, demonstrando sinistramente uma intensa alegria.

"O que você está fazendo?" gritou o príncipe irritado e descrente com o ataque, enquanto se esquivava dos golpes.

"Estou me divertindo bastante", sorriu o Dragão. "Achou que carregar você por aí era tudo que eu queria? Eu estava ansioso por isso desde o início."

O príncipe tentou escapar de uma golfada intencional dada por uma das asas do dragão, mas o golpe o acertou em cheio. Ele cambaleou no ar por algum tempo antes de recuperar o controle. Em instantes, um jogo de gato e rato, de rasantes e perseguições, se seguiu até que, exausto e sangrando, o príncipe voou para a floresta para se esconder.

Depois disso, o rapaz tentou voar quando o Dragão não estava à vista. No entanto, como se tivesse um sexto sentido, a besta aparecia e se deleitava em sua insistência sádica. Mesmo durante o dia, o Dragão emergia rapidamente de seu covil sempre que o príncipe se aventurava pelos céus.

Foi assim que o o rapaz se viu confinado às moitas da floresta. A necessidade de voar crescia dentro dele com uma intensidade insuportável, até que, mais uma vez, ele arriscasse uma nova altercação com a fera. Depois de um desses momentos fugazes e frustrantes pelos ares, pelo qual pagou caro, o príncipe refugiou-se na floresta, caindo em profundo desespero. A dor física de seu corpo dilacerado e de ter de arrastar suas asas quebradas se igualavam ao desânimo de sua alma. Ele dormia agitado e acordava com dores de fome, além de todos os seus outros infortúnios. Mas, prejudicado por seus ferimentos, não conseguia caçar nada para comer. Os animais da floresta eram agora muito rápidos do que ele.

Seus ouvidos então escutaram ruídos de encontrões contra os galhos e de metais tinindo. Ele sentiu o cheiro de um humano se aproximando. Arrastando-se para uma encosta acima da estrada da floresta, avistou se aproximar um funileiro que carregava um enorme pacote com mercadorias nas costas. Ali estava a presa lenta o suficiente para ser capturada.

Ele moveu-se então para um local de emboscada e atacou, jogando o viajante ao chão. Empoleirado no estômago do funileiro e rosnando com a expectativa da morte, o príncipe perdeu o ânimo quando viu o terror estampado no rosto do homem. A ideia de rasgar a garganta de um humano o enojava, embora ele tivesse se acostumado a comer a carne crua dos animais. Arremessou o funileiro de lado e cambaleou de volta para a floresta, bufando e choramingando miseravelmente.

Foi então que considerou retornar ao castelo de seu pai. Lá, seria alimentado e abrigado se os cavaleiros não o matassem por engano quando ele se aproximasse das ameias. Mesmo esse destino seria melhor do que uma morte lenta na floresta.

Metade do dia já havia passado quando ele alcançou os limites do bosque e se dirigiu ao castelo. Ele ouviu os vigias darem o alarme quando o avistaram e viram os cavaleiros se posicionando na estrada para lutar contra a ameaça que se aproximava. Cambaleou com fraqueza, a asa fraturada arrastando ao lado.

Apreensivos, os cavaleiros esperaram a ordem de ataque de seu comandante, um irmão mais velho do príncipe.

"Pelos santos!" um cavaleiro exclamou. "Não será difícil acabar com esse dragão. Já está meio morto."

"E não é maior do que um homem", acrescentou outro.

O príncipe fixou os olhos nos do comandante e falou com a voz rouca: "Ajude-me, irmão."

A testa de seu irmão franziu e incitando seu corcel para frente, ele cautelosamente se aproximou da criatura que vinha pela estrada. De repente, ele voltou o cavalo e gritou para os cavaleiros: "Tragam uma liteira para carregá-lo para o castelo. É meu irmão mais novo que voltou."

O príncipe não conseguiu ver com clareza por causa das lágrimas em seus olhos, mas, enquanto chorava, sentiu alguém repousar a mão em seu ombro de modo tranquilizador. Ele se curvou sobre a liteira e fechou os olhos porque não queria ver os rostos estremecidos das pessoas no pátio. Imaginou que as mulheres ficariam boquiabertas quando ele passasse. As crianças escondiam-se na segurança da saia de uma mãe que assistia os homens trazê-lo. Abriu por completo os olhos apenas quando o ruído da água escorrendo dos portões se fechando indicaram que ele estava em um pátio interno privado.

Lá, seus irmãos lavaram suas feridas na grande fonte. Suas irmãs trouxeram uma roupa limpa para cobri-lo e cuidadosamente puxaram suas asas através das fendas que rasgaram na parte traseira dos tecidos. Ele
ficou aliviado por sua noiva não estar presente e soube que ela havia retornado à casa de sua família há muito tempo. Na privacidade de seus aposentos, ele se alimentou com a comida servida até estar satisfeito. Quando seu pai, o Rei, entrou nos aposentos, o príncipe foi novamente dominado pelo choro e não conseguiu falar. Exausto, adormeceu com o pai sentado ao lado da cama.

◆

Com o passar dos dias, o príncipe recuperou as forças e permaneceu encerrado em seus aposentos, para que evitasse de atrair as atenções. Ficava diante das janelas tarde da noite, quando o pátio abaixo restava vazio de sua agitação cotidiana. O ar noturno soprando em seu rosto despertou o desejo de voar mais uma vez. Ele bateu sua asa ferida para testar sua firmeza e percebeu que provavelmente poderia planar da janela para o pavimento do pátio sem ser detectado. O castelo dormia. Ele saboreou o curto voo sob o luar e então, sentindo-se vazio de alma, subiu mais uma vez as escadas para seus aposentos. Apesar das toras acesas na lareira, seu cômodo parecia estranhamente escuro, como se uma nuvem negra obscurecesse a luz da lua. O príncipe recuou quando a escuridão na janela aberta pareceu se mover e percebeu então o olho de pálpebras carregadas do Dragão fitá-lo de fora. A fera parecia uma grande barata na junto da parede do castelo.

"Saia de novo," sussurrou o Dragão em sua voz baixa e melodiosa. "Senti falta da sua companhia."

"Você acha que sou idiota?" o príncipe respondeu.

"Talvez eu tenha sido muito tempestuoso durante nossas folias pregressas," desculpou-se o Dragão. "Serei mais cuidadoso a partir de agora."

"Vá embora! Eu não quero nada com você, "o príncipe anunciou firmemente em um esforço para suprimir seu desejo crescente de acreditar no Dragão.

"Venha", a criatura ronronou profundamente como uma prostituta acenando, e o príncipe deu um passo ambivalente em direção à janela. Talvez fosse diferente desta vez. Mas, e se não fosse? No entanto, ficaria a dúvida que poderia ser diferente se ele não arriscasse.

Outra voz pareceu então falar de trás do príncipe. "Você sabe a verdade."

O rapaz se voltou e viu o pai parado na arcada da porta da câmara. O ressentimento cresceu como bile na garganta do príncipe.

"A verdade é que não me envolvi com o Dragão por semanas, mas minha aparência segue tão bestial como sempre. Nenhuma escama cedeu desta vez. Devo viver meus dias assim? " O príncipe estendeu seus braços e exibiu suas asas.

"As escamas não irão desaparecer até que suas asas sejam removidas." As palavras de seu pai trouxeram pavor ao coração do príncipe.

Do lado de fora da janela, o Dragão se reposicionou e exalou uma rajada de fogo, demonstrando irritação. "Venha comigo! Você parece mais comigo do que com ele agora "

O príncipe voltou-se para o pai. "Se eu não posso ser humano de novo, então me deixe ir."

"Se você não deseja ser você completamente, vá embora", disse o Rei em tom solene.

Mais uma vez o príncipe projetou suas asas escamadas e então, angustiado, curvou-se diante de seu pai. "Estenda a lâmina de sua espada e corte-as."

O Dragão bufou de desgosto e se lançou ruidosamente pelo ar noturno. Sua partida deixou como rastro rajadas de frio que entraram pela janela.

"Cinja as asas com sua lâmina rapidamente", implorou o príncipe, "antes que eu fraqueje novamente."

"As asas não podem ser ceifadas", explicou o Rei com um tom grave. "Elas devem ser arrancadas."

"Faça o que for preciso."

"Fique de pé e segure-se firme em mim", disse o Rei enquanto envolvia o filho com os braços. Com ambas as mãos, o rei agarrou firmemente a base de uma das asas e puxou com força. Quando os tendões da asa rasgaram os músculos de suas costas, um lamento bestial escapou dos lábios do príncipe. Embora quase inconsciente da dor lancinante, o príncipe sentiu as mãos de seu pai agarrarem a asa restante.

"Não!" Ele se desvencilhou, caindo de joelhos. No chão ao lado dele, à luz bruxuleante do fogo da lareira, jazia a primeira asa. Da carne de sua base ensanguentada, longas gavinhas de tendões enrolados se contorciam como vermes recém-desenterrados. O príncipe engasgou de repulsa com o que estava hospedado em seu corpo. "Toma a outra asa", ele sussurrou, e embora incapaz de ficar de pé, cingiu os braços em torno da cintura de seu pai.

◆

Ao longo dos longos dias, enquanto as feridas abertas em suas costas cicatrizavam, o príncipe foi atendido por seus irmãos e irmãs. Alguns deles haviam montado o Dragão no passado. Outros confessaram a ele que ainda lutavam contra a tentação, mas foram fortalecidos em sua abstinência ao ver o destino do príncipe.

Quando conseguiu sentar-se direito, solicitou um pedaço de pergaminho e tinta para escrever à sua mulher. Em seu leito de enfermo, ele se remoeu com pesar pelo tratamento rude que dispensara a ela. Não pediu que ela o perdoasse, mas escreveu apenas para que pudesse enumerar as ofensas cometidas contra a amada e contar a ela de seu remorso. Não tinha o direito de esperar que ela voltasse. Embora sentisse grande tristeza, despachar a carta pelo correio trouxe uma paz melancólica à sua alma. Havia outros com quem fazer as pazes, mas ninguém a quem ele havia maltratado tão miseravelmente quanto à esposa. Ele agora podia ver claramente como a puniu por suas próprias fraquezas.

Certo dia de verão, uma irmã entrou no cômodo, radiante. "Sua esposa veio ao castelo!" ela exclamou, esperando que ele ficasse feliz, mas ele não
se animou.

"Eu não quero a ver", disse o príncipe consternado. "Não depois de tudo o que aconteceu. Eu não consigo... "

"Mas ela está aqui." Mordendo o lábio, um tanto sem jeito, a irmã gesticulou, encabulada, em direção à entrada do quarto. A esposa permaneceu em silêncio junto à porta, transparecendo uma estranha nuance de emoções em seu rosto.

O príncipe imediatamente se virou para que ela não o visse. Ele escutou a irmã pedir licença para deixá-los sozinhos e então discerniu a voz da esposa. "Não baterei à porta de seu coração para tentar entrar como fiz antes. Se você quiser que eu vá embora, eu irei", disse ela.

Ele virou o rosto procurando os olhos da esposa. "Gentil dama, por favor, fique." Ela se aproximou dele e estendeu a mão com gentileza sobre sua face reptiliana. O príncipe mal podia sentir o toque dela através da pele grossa e escamosa. "Não mereço qualquer perdão de sua parte", disse ele.

"Pode ser, mas não vamos repetir nossos padrões anteriores de você se sentir envergonhado e de eu tentar desesperadamente dissuadi-lo. Já nos cansamos da vergonha e culpa. São vestes pesadas que não uso mais e roupas que não desejo ver você trajar. Vamos ambos jogá-las de lado para comprar roupas novas. "

"Temo que nossos hábitos não serão substituídos tão facilmente", disse o príncipe com pesar.

"Sem dúvida, nós dois teremos que trabalhar nisso", ela concordou.

Com o passar do tempo, seu focinho se achatou lentamente de volta ao padrão de um rosto humano. Depois de anos, as escamas suavizaram e desbotaram até que apenas traços tênues fossem visíveis. Houve, de fato, tempos de tentação para o príncipe, mas ele nunca mais montou no dragão.

Ele podia detectar facilmente quando outros caiam sob o domínio da fera, como no caso de um irmão mais novo que lhe deu a desculpa de apenas sair para caçar com seu falcão. Mas o príncipe podia ver além das mentiras do jovem. Ele reconheceu a avidez nos olhos de seu irmão; ele conhecia muito bem a pretensão inocente no rosto do jovem. Era um fingimento que o príncipe costumava conjurar a si mesmo.

"Não vá, irmão", disse o príncipe.

"Do que você está falando? Dia perfeito para uma caçada ", sorriu o caçula enquanto ajeitava a libré de seu cavalo.

"Nós dois sabemos que é o Dragão que você pretende encontrar."

"E se eu fizer?" O jovem estava repentinamente mal-humorado.

"Lembre-se do que aconteceu comigo."

"Eu não vou deixar ir tão longe." O irmão montou em seu cavalo e alcançou o falcão que esperava em seu poleiro.

"A mudança vem rapidamente para alguns, sem qualquer aviso", disse o príncipe.

"Não", o irmão discordou. "Eu não passo tempo suficiente com o Dragão para que isso aconteça. Não há mal nenhum em um bom passeio de vez em quando. Eu faço do Dragão meu escravo. " Ele riu com confiança e incitou seu corcel ao galope.

O príncipe o observou partir e balançou a cabeça tristemente, esperando que o irmão não tardasse em descobrir a verdade.

Reflexão pessoal

Os trechos da parábola que mais me tocaram...

Quando leio esses trechos, sinto...

Que situações na minha vida considero análogas à parábola?

Voando com o dragão

Parar na janela aberta fez o príncipe querer voar novamente. Quando você sentir uma necessidade de retornar ao comportamento compulsivo, pergunte-se se alguma situação está desencadeando isso. Explore as emoções que você está sentindo e como você pode atender a essas necessidades sem ter uma recaída. Os programas de recuperação costumam usar a a sigla MRSC (em inglês, FALT, de Fearful, Angry, Lonely, Tired) para perguntar se você está com medo, raiva, sozinho ou cansado. O vício promete amortecer emoções desagradáveis. Na recuperação, você se permite sentir a emoção desagradável e escolhe uma maneira saudável de proceder. Por exemplo, ligue para um amigo ou padrinho do programa quando se sentir solitário ao invés de beber. Faça um diário ou assista a um filme quando sentir raiva ou frustração.

Sinto?

Medo

Raiva

Solidão

Cansaço

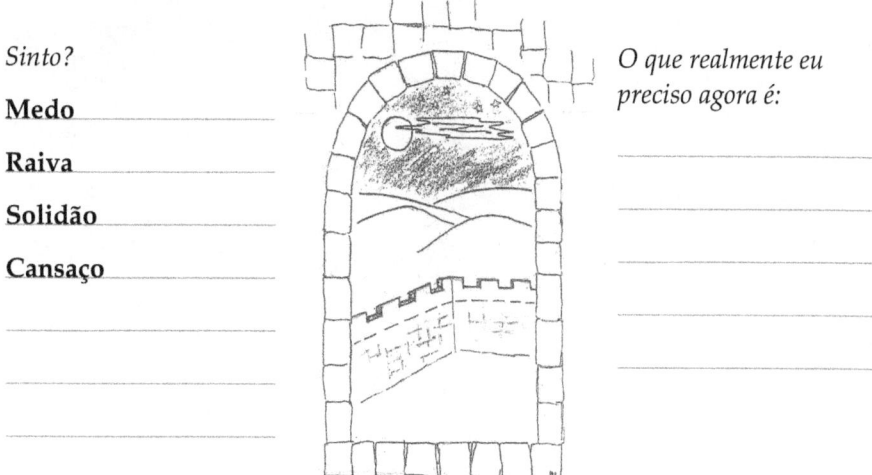

O que realmente eu preciso agora é:

Assim como arrancar as asas do Dragão, extirpar as raízes do vício pode ser algo doloroso. O Quarto Passo orienta na identificação de pensamentos, emoções e ações negativas que sabotam o uma vida saudável.

O CASTELO FERROLHO I

Uma princesa bela e gentil vivia sozinha em um castelo com o único portão de acesso trancado por dentro com toda segurança e a ponte levadiça bem fechada contra as ameias.

O castelo já esteve cheio de parentes, vassalos, servos e convidados, mas a princesa baniu a todos. Quando ela os trancou do lado de fora, jurou nunca mais deixar as pessoas entrarem e saírem livremente de seu castelo.

Consta que ela chorava enquanto labutava com esforço para arrumar o dano e a sujeira que todos haviam feito. Jardins de flores pisoteados por pés descuidados. Tapeçarias arrancadas das paredes e sujas durante farras e bebedeiras. Outros pertences queridos haviam desaparecido por completo, tendo sido roubados por aqueles em quem ela confiava.

"Como você pode ser tão tola a ponto de pensar que algum deles se importava com você?", ela se martirizava com seus pensamentos, enquanto trabalhava, limpando enraivecida.

De vez em quando, saqueadores cruzavam o fosso, na esperança de escalar as ameias com suas cordas, mas as grandes muralhas eram altas demais para o sucesso de qualquer empreitada A princesa vivia segura em sua fortaleza com apenas um gato vira-latas como companhia.

A cada dia, ela mergulhava satisfeita na solidão enquanto trabalhava para restaurar seu santuário. A luz do sol variava lentamente no pátio até que as sombras surgissem e o ar carregasse o cheiro de comida preparada nas lareiras enfumaçadas da vila próxima. Quando a princesa terminou suas tarefas do dia, ela atiçou seu próprio fogo para preparar sopa para ela e o gato cinza.

Como a maioria dos gatos, ele se portava como se fosse o dono do castelo e tolerava indignidades como ser abraçado ou acariciado. Ao contrário de outros de sua espécie, ele saboreava o pão e o cozido quente que a princesa colocava em sua tigela. O animal observava atentamente a princesa o servir até que o pequeno recipiente estivesse cheio, então gato o carregava na boca para comer em algum lugar, desfrutando de sua privacidade real.

Quando o crepúsculo escureceu, a princesa, com a vela na mão para iluminar seu caminho, escalou cansada a estreita escada de pedra que a conduzia a seus aposentos. O vento do Leste soprava com força contra as torres vazias do castelo.

Certa noite, na hora das refeições, a princesa, por diversão, resolveu seguir o gato e ver onde ele preferia consumir o banquete. Será que bichano se sentava no batente de uma janela com vista para o vale ao escurecer? Talvez gostasse do salão de guerra, onde armaduras e lanças guardavam as paredes. Mas não, ele desapareceu em uma espiral descendente que conduzia às masmorras.

"Eu não irei segui-lo lá," a princesa disse com desgosto. "Sem dúvida, você caça bichos lá embaixo."

"Eu me pergunto", ela indagou a si mesma, "se o gato realmente come o ensopado e o pão ou apenas os usa como isca para pegar roedores. Eu poderia muito bem dar a ele comida velha, se assim for. " A curiosidade a fez descer os largos degraus pavimentados que levavam à masmorra.

O ar úmido e bolorento penetrou em suas narinas antes mesmo que a escada se alargasse na expansão subterrânea. Ela ouviu um farfalhar e correr sobre os pedaços de palha espalhados pelo chão de rocha irregular. Franzindo o nariz em desgosto ao pensar nas criaturas de má reputação fugindo da luz bruxuleante, a princesa segurava sua saia com a mão que tinha livre antes de continuar. Barras de ferro de uma cela à sua esquerda lançavam sombras duplas em movimento, e a princesa teve um vislumbre do gato cinza por ali. Aproximando-se, ela avistou uma forma maior ao lado do gato. A princesa engasgou quando a luz das velas revelou olhos humanos pousados sobre ela. Era uma criança, tão apavorada quanto a princesa, com medo, apertando o gato contra o peito como se para afastar algum mal.

"Como você chegou aqui?", a princesa questionou com raiva.

A criança se encolheu, mas não falou.

"Me responda!" Um decreto imperial determinou a partida de todos!

"Alguém me trancou quando você baniu todo mundo", soluçou a criança.

Incrédula, a princesa aproximou-se das grades da cela. "Como poderia ser? O que você comeu durante todo esse tempo? "

"Sir Thom me trouxe comida", disse a menina, abraçando o gato com mais força. O animal se contorceu para recuperar algum grau de autonomia e então saltou livre para sentar-se a uma distância segura de qualquer alcance humano. A criança era a visão de algo desgrenhado e sujo, cabelo emaranhado e despenteado, roupas esfarrapadas e imundas. Embora aliviada porque a criança não havia ingressado no castelo por alguma passagem secreta, ainda assim princesa não gostou de saber da hóspede.

"Venha," a princesa ordenou, pegando uma chave da parede. "Vou tirar você daqui e do castelo."

"Não", gritou a menina. "Fora do castelo, não!"

"Você pode ir para a aldeia - é perto - e encontrar seus pais."

"Eu não tenho pais. Sempre morei no castelo. Por favor, não me coloque para fora ", implorou a menina com um lamento que ecoou alto na masmorra.

"Silencie essa lamúria!", disse. Extremamente irritada, a princesa esperou impacientemente junto à porta enferrujada. "Saia. Agora!"

A resposta limitou-se ao gemido da criança, que recuou ainda mais para dentro da cela. Usar a força exigiria tocar o corpo infestado de piolhos da menina, e a princesa não queria nada com isso.

"Posso ver que estamos em desacordo", disse a princesa tentando manter a calma. "Muito bem então. Não vou tirar você do castelo esta noite. Então saia da cela. "

A criança respondeu à voz mais amável e avançou hesitante. No andar de cima, a pequena e imunda órfã obedientemente tomou um banho quente em uma vasilha redonda de cobre perto da lareira. A princesa trouxe para ela um vestido simples de um velho baú de roupas de infância. Depois de uma refeição farta, ela foi colocada na cama. A princesa pretendia expulsá-la no dia seguinte.

De manhã, a princesa despertou ao som de risos frouxos. Da janela, avistou a criança dançando no pátio iluminado pelo sol e gorjeando uma melodia interminável.

"O que você está fazendo?" a princesa perguntou austeramente.

"Eu gosto da luz do sol", foi a resposta tímida da menina subitamente censurada.

"Entre. É hora do café da manhã."

"Sim, minha senhora."

Sir Thom juntou-se a elas junto à lareira, mas não demonstrou interesse pela comida. "Não se preocupe:, a criança ofereceu conforto, notando o rosto preocupado da princesa. "Ele come muitos ratos nas masmorras, exceto os pés e as caudas. Provavelmente tem gosto de cartilagem."

"Não fale dessas coisas enquanto eu como", ordenou a princesa.

O silêncio durou apenas um curto período de tempo antes que a criança começasse a cantarolar durante uma colherada e outra de mingau. Bastou o olhar de repreensão da princesa para que a menina parasse. Alguns momentos depois, a voltou a romper o silêncio.

"Eu me sentia muito sozinha na masmorra. Você não se sente sozinha?"

"Não."

"Por que não?"

"Tenho muitas coisas para fazer. Hoje vou varrer as câmaras da ala leste do castelo."

"Posso ajudar?" A menina moveu-se ansiosamente para a beira da cadeira.

"Eu suponho," concordou a princesa, pensando que ela poderia usar a ajuda e colocar a criança para fora mais tarde. Então, eles trabalharam juntas nas câmaras da ala leste, quando a garotinha comentou sobre como era terrível que as pessoas tivessem feito uma bagunça tão pavorosa e que não se admira que a princesa os tenha banido a todos. Enquanto trabalhava, a menina cantava rimas bobas para se entreter. A princesa quase sorriu uma ou duas vezes com o que ouvia.

A luz do dia enfraqueceu justo quando elas encerraram a limpeza. Era tarde demais para colocar a criança para fora. Depois de compartilharem uma refeição noturna, a princesa sentou-se perto da lareira no grande salão, observando a menina acariciar Sir Thom e cantar canções para o gatinho. Espalhada em seu colo, o gato de vez em quando mexia com a pata nas mechas emaranhadas de cabelo da menina

"Deixe-me trançar seu cabelo", a princesa se pegou dizendo, e o rosto da criança iluminou-se de alegria. A princesa escovou então suavemente os fios emaranhados, pois ela se lembrou dos puxões que a babá lhe infligia quando criança. Em seguida, ela teceu uma longa trança começando do topo da cabeça. Quando terminou, a menina dançou elegantemente pelo salão. Para ela, o mais simplez prazer era ocasião de festa.

A princesa havia esquecido como era poder rir. Permitiu assim que a criança ficasse no dia seguinte para ajudá-la a continuar a limpeza na ala leste. A menina saltou e pulou para longe da porta, onde a princesa a advertiu que ficasse enquanto ela passava um pano no chão.

"Deixa-me ajudar. O que posso fazer para ajudar?" importunou a criança. Então a princesa a mandou buscar um balde de água limpo. Como ela não voltou em tempo hábil, a princesa foi procurá-la.

No pátio, ela encontrou a jovem pupila forçando a roda de madeira que baixava a ponte levadiça. Felizmente, o portão de ferro sólido ainda estava fechado.

"O que você pensa que está fazendo?"

"No meu caminho para o pátio para tirar água, ouvi alguém chamando para entrar."

"Criança tola! Você nunca deve deixar ninguém entrar!"

"Mas ele disse que é um vassalo seu." A criança chorava, temendo a fúria da princesa.

Escalando rapidamente na torre acima do portão, a princesa olhou para baixo através da janela estreita. "Saia daqui ou vou derramar óleo fervente sobre sua cabeça!" ela anunciou ao insistente visitante. Ouvindo tal ameaça, o rapaz rapidamente conduziu seu cavalo ao redor da ponte levadiça e partiu.

"E pensar que você teria permitido entrada a ele", disse a princesa puxando com toda a força o volante para fechar a ponte levadiça. "Ele foi um dos piores idiotas que eu bani. Ele nunca mais colocará os pés neste castelo enquanto eu viver. Onde eu estava com a cabeça?! Eu estava realmente considerando deixar você ficar antes disso."

"Eu não sabia que ele era uma pessoa má. Por favor, não fique com raiva de mim ", soluçou a menina, que envolveu seus braços minúsculos desesperadamente em torno das pernas da princesa. "Por favor, deixe-me ficar aqui com você. Eu prometo que vou me comportar. "

A princesa frustrou-se consigo mesma ao sentir a raiva ceder. "Pare com isso," disse com desconforto enquanto gentilmente afastava a menina e ajeitava a própria saia para se recompor. A garota permaneceu ao seu lado, fungando e olhando para cima com a expressão de espanto.

"Se você deseja ficar, deve prometer nunca baixar a ponte levadiça ou abrir o portão para ninguém," disse a princesa com o olhar enfático e um tanto ainda furioso.

Assentindo solenemente, a criança selou assim o acordo.

Reflexão pessoal

Os trechos da parábola que mais me tocaram...

_____
_____
_____
_____
_____

Quando leio esses trechos, sinto...

_____
_____
_____
_____
_____

Que situações na minha vida considero análogas à parábola?

_____
_____
_____
_____
_____

A criança em mim

Todos nós temos uma criança interior. É a parte de nós que carrega as memórias de nossos anos de formação. É uma parte de nós que brinca e se diverte. Muitos adultos em recuperação descobrem que eles (ou outra pessoa) trancaram a criança interior há muito tempo. Para viver uma vida equilibrada, devemos recuperar nosso passado e nos conhecer novamente.

Em duas folhas de papel separadas, escreva duas cartas diferentes. Uma do ponto de vista da criança que você foi e outro do seu ponto de vista adulto.

Carta da Criança Interior para Você, o Adulto

Usando sua mão não dominante (a que você não escreve), escreva do ponto de vista de seu eu infantil para o seu eu adulto. Onde a criança interior foi mantida? O que essa parte precisa de seu eu adulto para se sentir protegida e cuidada? O que a criança interior gosta de fazer para se divertir? Ela tem um apelido ou nome favorito? Quantos anos tem sua criança interior?

Carta de seu eu adulto para a criança interior

Agora, com sua mão dominante, escreva uma resposta de seu eu adulto para o seu eu infantil. O que você gosta na criança interior? O que é desconfortável para você em relação ao seu eu infantil? (Talvez suas memórias dolorosas). Você gostaria de cuidar melhor de sua criança interior? (Isso pode incluir estabelecer limites amorosos para o comportamento fora de controle.) Como você pode brincar mais?

Vá em frente, divirta-se! Compre argila de modelar colorida para crianças, tintas a dedo, bolhas, uma bola ou o que quer que seja do seu interesse. Passar algum tempo brincando é uma ótima maneira de deixar a criança sair da masmorra.

Alimente sua criança interior sendo um bom pai para si mesmo. O livro *"Self Parenting"* (Yellow Book 1987) de John K. Pollard, orienta o leitor nesse processo. Seu site *www.selfparenting.com* também oferece, em língua inglesa, recursos transformadores para você explorar.

O CASTELO FERROLHO II

A princesa surpreendeu a si própria, mesmo que relutasse em admitir, aproveitando o momento, a conversa boba e as palhaçadas espontâneas de sua jovem amiga. Mas, como era possível que uma pessoa tão pequena, que se mexia e pulava o dia todo, pudesse ter tanta energia até a noite? Aquilo lhe causava também irritação.

"Conte-me outra história", implorou a menina de sua cama. O gato aninhou-se ao lado dela.

"Duas histórias é mais do que o suficiente. Vá dormir agora."

"Eu gosto das histórias sobre belos príncipes que resgatam princesas de dragões monstruosos. Você espera que um belo príncipe venha resgatá-la? "

"Não. Vá dormir agora, "disse a princesa puxando sua própria colcha bem embaixo do queixo.

"Um belo príncipe já veio aqui procurar por você?"

"Uma vez." – a princesa lembrou com desgosto. "Ele acampou fora dos muros por semanas, jurando que não voltaria para casa se não me tomasse como noiva. Todos os dias eu o ouvia gritando, tentando me convencer de seu amor. "

"Ele era bonito e gentil?" perguntou a criança.

"Veja, todos eles parecem belos e gentis à primeira vista. Mas, provavelmente, ele tinha ouvido falar de um castelo cheio de tesouros e veio aqui com a intenção de um dia, talvez, tornar-se dono de tudo. Fiquei longe das janelas e nunca falei com ele. Finalmente, ele desistiu de sua vigília. "

"Mas como você podia saber se ele tinha um coração bom ou mau, se não conversou com ele com ele?"

"Ninguém tem um coração verdadeiramente bom."

"Como pode ser?" A menina ficou perplexa.

"Aqueles que são maus causam seus danos. Aqueles que parecem ter bom coração ficam parados e nada fazem. Se você for sábia, não confiará em ninguém. "

Com as sobrancelhas franzidas, a garota ponderou sobre o que ouvia. "No meu caso, não são sei como reconhecer pessoas más. Você, por outro lado, não consegue ver a bondade dos outros. Certamente deve haver uma maneira de fazer as duas coisas. "

"Eu acho que não."

"O Grande Rei poderia nos dizer", meditou a criança em voz alta. "Ele conhece tudo que é sábio e bom."

"Mas a cidade dele é longe e não temos como perguntar a ele", disse a princesa com cansaço. "Agora vá dormir."

O dia seguinte foi repleto de luz ensolarada, brisas fortes e rajadas de vento.

"Venha brincar de esconde-esconde comigo no pátio!", disse a menina, puxando insistentemente a saia da princesa.

"Eu estou ocupada agora. Não me incomode. Se fosse por você, tudo estaria por fazer e só brincaríamos. "

"Só um pouco, venha para fora", implorou a criança.

"Muito bem. Mas então você deve ajudar com o trabalho. "

Enquanto elas riam no jardim, o vento pareceu trazer a voz de alguém do lado de fora. Era uma filha do Grande Rei acompanhada por dois de seus irmãos, todos a cavalo. Subindo na torre, a princesa pôde vê-los claramente do outro lado do fosso.

"Cara amiga", chamou a filha do Grande Rei ao espiá-la pela janela estreita. "Ouvimos dizer que seu castelo foi saqueado e viemos em seu auxílio. Como estamos felizes em vê-la viva. Você está bem? Trazemos suprimentos para sua despensa. "

"Eu estou bem. Por favor, voltem para casa e não se preocupem mais. Perdoe-me por não estender a você a hospitalidade que recebi tantas vezes em visitas anteriores ao seu lar, mas não abro mais os portões para ninguém ".

"Trazemos também madeira, tela e tecelagem de linho, pois ouvimos dizer que muita coisa precisa ser consertada. Você precisa dessas coisas? "

"Sim, mas não posso deixar você entrar."

"Então, deixaremos os produtos aqui para você e, quando partirmos, você poderá pegá-los. Diga-me o que mais você precisa e eu o trarei na minha próxima visita."

"Você é muito gentil, amiga. Não se incomodem mais por minha causa. Siga em segurança em sua jornada de volta para casa." Com isso, a princesa deixou a janela enquanto a menina, que sequer era alta o suficiente para enxergar lá fora, se esforçou para dar uma última olhada nos visitantes que partiam.

"Seria muito divertido convidar pessoas para entrar", disse a garota melancolicamente. "Eu daria flores a eles."

"Eles provavelmente as esmagariam."

"Gostaria de provar uma bebida entre as coisas que trouxeram de viagem."

"Seria, provavelmente, amarga", avisou a princesa.

"Cantaríamos canções juntos."

"Eles iriam, com toda a probabilidade, cantar suas próprias canções, mas não as suas."

"Como você sabe que tudo seria tão decepcionante? Algum mal já lhe aconteceu causado por eles? " A criança persistiu, seguindo a princesa pela escada circular da torre até o pátio.

"Não, mas todas as pessoas são iguais. É apenas uma questão de tempo até que eles te machuquem. "

"Não poderíamos convidá-los, só desta vez, e descobrir se eles são diferentes?"

"Não."

"Da próxima vez que eles vierem?" a criança perguntou com um último fio de esperança.

"Eles não vão voltar depois de uma recepção tão fria", respondeu a princesa.

Mas ela se enganou, pois, com o degelo trazido pela primavera, eles voltaram com comida, madeira, tela e linho para tecelagem.

Novamente, a princesa falou com eles da janela da torre. "Estou tocada por sua bondade. Por favor, não pense que sou ingrata, mas não posso os deixar entrar. " Enquanto isso, a criança, com o nariz no parapeito de pedra, jogou algo com toda força para fora da janela estreita. Uma flor caiu no colo da filha do Grande Rei. Ela sorriu levantando a flor até o rosto para apreciar a fragrância e, satisfeita, ajeitou a flor junto à trança que circundava sua cabeça.

"Veja lá! Ela não esmagou a florzinha! Não podemos a convidar para entrar? ", a criança perguntou com expectativa apesar do rosto da princesa denotar dúvida e desconforto.

"Muito bem, mas apenas no pátio. E seus irmãos devem ficar do lado fora ", consentiu, de súbito a princesa.

De tal modo, a ponte levadiça foi arriada, e o portão erguido pela primeira vez desde o banimento, apesar das dúvidas da princesa. Assim que a visitante ingressou, o pesado portão cerrou-se novamente com toda a segurança.

"O que você carregou para beber durante sua jornada?" perguntou a menina, saltando em um pé enquanto a convidada apeava do cavalo.

"Água de uma nascente fresca." A filha do rei graciosamente entregou à criança animada o frasco feito de pele de cabra.

Segurando-o sobre a cabeça, a criança deixou a água espirrar em seu rosto e cair em sua boca. "Não é amargo", ela exclamou dançando e estendeu o frasco para a princesa apreensiva.

As três caminharam pelo jardim, conversando e apreciando as flores que haviam brotado recentemente.

"Eu conheço canções sobre pássaros", disse a menina antes de começar a melodia. A filha do rei se juntou a ela, harmonizando e, em seguida, ensinou-lhe um novo verso.

"Você é muito mais legal do que pensávamos que seria", exclamou a garota enquanto a princesa reclusa sorria um tanto encabulada. Já a filha do rei sorria bastante também.

Dali em diante, por várias vezes, a filha do Grande Rei veio ver a princesa e sentava-se no jardim com ela. Nenhum talo foi quebrado e nenhuma planta foi pisoteada pela hóspede. Então, com frequência, a princesa passou a convidar a amiga para adentrar o corredor e mostrar a ela como a restauração prosseguia.

Muitas foram as visitas que eles desfrutaram enquanto os irmãos esperavam pacientemente fora dos muros. Então, certo dia, a criança jogou flores pela janela para os rapazes enquanto a princesa girava a grande roda de madeira que abria o portão para a filha do rei entrar.

"Olhe! Eles não esmagaram as flores também! " gritou a criança puxando a saia da princesa e apontando para os rapazes.

"Eu não me importo. Eles não vão entrar", insistiu a princesa.

"Mas eles devem se cansar de esperar pela irmã, lá fora, o tempo todo. Eles vêm até aqui para protegê-la em sua jornada. Certamente, não fariam mal a você. Não podemos simplesmente deixá-los entrar no pátio, onde podem descansar à sombra das árvores? "

"Existem árvores do lado de fora onde eles podem descansar."

A criança bufou exasperada. "Mas não podemos cantar para eles, se estiverem lá fora".

"Meus irmãos gostam de cantar", comentou a filha do rei, conduzindo seu cavalo pela ponte levadiça.

"Por favor", implorou a menina. "Só desta vez. Se eles fizerem algo impróprio, você sempre pode bani-los. Mas, se você não os convidar, nunca descobrirá por si mesma se eles têm bom coração. E não é como se fossem estranhos. Você já sabe quem são eles. Você é amiga da irmã deles."

Mordendo o lábio inferior de modo consternado, a princesa olhou para os jovens enquanto eles sorriam de volta para ela. "Talvez só desta vez. Mas apenas no pátio. "

Naquela tarde, não apenas eles cantaram, mas um dos irmãos também contou histórias de batalhas com dragões e trolls que a menina nunca tinha ouvido falar. O outro irmão tocava alaúde com tanta animação que até a princesa acompanhava o ritmo com os pés escondidos sob a saia. Ao chão, o gato percebeu o movimento incomum e saltou, como se fosse capturar um rato. A princesa o enxotou. Quando os três saíram, a criança acenou adeus cantarolando uma nova melodia que acabara de aprender. "Você não está feliz por ter deixado os irmãos entrarem?" ela perguntou à princesa.

"Creio que, sim, foram bastante agradáveis."

"E bonitos também", sorriu a garotinha, com malícia.

"Eu não percebi", disse a princesa, embora tenha se pegado a pensar nos olhos do tocador de alaúde.

Fiel ao voto do banimento, as pessoas seguiam sem poder entrar ou sair livremente do castelo. O portão permaneceu fechado e a ponte levadiça era elevada apenas para os convidados mais seletos que não esmagavam as flores que lhes eram atiradas. E aqueles que não ofereciam bebidas amargas tinham a permissão de ir ao aos jardins, onde cantavam com a princesa e a garota. Desses convidados, apenas os mais confiáveis podiam circular até o corredor e as salas internas do castelo.

Foi assim que a gentil princesa e a menina permaneceram seguras, mas não mais sozinhas.

Reflexão pessoal

Os trechos da parábola que mais me tocaram...

Quando leio esses trechos, sinto...

Que situações na minha vida considero análogas à parábola?

O CASTELO FERROLHO II

Quem foi banido para além das muralhas?
Reconsidere se é caso de que algumas pessoas acabaram
injustamente segregada lá fora, sem poder entrar.

Pátio e jardins
Como você decide em quem confiar neste nível intermediário de amizade?
Existe alguém perigoso que você precisa manter do lado de fora do portão?

Corredor e aposentos
Em quem você confia para manter por perto?

Onde, nesta ilustração, você confiaria
em colocar seu Poder Superior?

Equilíbrio na definição de limites pessoais permite que você escolha
com quem deseja passar o tempo. Segurança exagerada pode até
mantê-lo (a) protegido (a), mas o deixa solitário (a). Nenhuma
ou pouca segurança, podem lhe fazer se sentir uma vítima.

ESPELHO, ESPELHO MEU

Nascida em uma terra sombria e devastada pela guerra, ela era a caçula e a única criança do sexo feminino nascida do rei e da rainha. Por causa das batalhas, seu pai e irmãos passavam pouco tempo no castelo.

No início das guerras, o rei e seus filhos pensaram que podiam derrotar o feiticeiro e seu exército. Mas, ao longo dos anos, aliados em reinos vizinhos caíram, um por um, até que aquele reinado restasse sozinho, um pequeno enclave agonizante em meio aos crescentes domínios conquistados pelo feiticeiro.

Restava uma última esperança. Corriam rumores de um Grande Rei ao norte com um poder muito maior do que o feiticeiro. Quando a princesa estava por completar quinze anos, seu pai enviou encarregados para implorar por ajuda. O reino sitiado esperava a resposta apreensivamente.

Disfarçados, os enviados encontrariam uma passagem segura pelas terras ocupadas pelo inimigo? Por que o Grande Rei deveria enviar cavaleiros em seu auxílio quando eles não tinham qualquer aliança? Além do mais, o Grande Rei existia de fato ou era apenas a esperança fabricada de todos aqueles que sofriam sob a opressão do conquistador?

O poder sombrio do feiticeiro mantinha o céu continuamente nublado, envolvendo tudo em um ar gélido de temor. Nenhuma luz solar radiante alcançou aquela terra por anos. As noites eram escuras porque nuvens grossas bloqueavam qualquer luar.

Certa noite, sob o manto da vasta escuridão, um bando de gnomos deformados escalou silenciosamente as profundezas sob as cisternas do castelo e se esgueirou, invisíveis, na direção dos cômodos da princesa adormecida. A caçula acordou em sobressalto e se deparou com pequenos corpos, que mais pareciam ratos, em volta de sua cama. Embora ela abrisse a boca para gritar, apenas o sussurro de um grito escapou e seu corpo congelou de terror.

"O gnomo comeu sua língua?" provocou um dos intrusos, e o resto gargalhou e se contorceu com estardalhaço ao redor dela. "Você não pode nos trair, porque você é uma de nós, a prole de uma fada, a criança trocada que substituímos pela verdadeira princesinha. Então, seja uma boa menina, grata a nós pelo o status social elevado que agora desfruta, mas lembre-se de onde você veio!"

"Veja como minha garotinha cresceu", ofegou maliciosamente o que parecia ser uma bruxa anciã em meio aos gnomos. "Nós fervemos a verdadeira princesa bebê e demos a você um preparo para torná-la do tamanho de um humano, porém, ainda és uma de nós."

Finalmente, a princesa encontrou forças suficientes para projetar sua voz, quando então gritou alto e saltou da cama, correndo no mesmo instante para o quarto de sua mãe. Os guardas invadiram os aposentos da princesa, mas não encontraram nenhum vestígio dos intrusos.

"Você teve um pesadelo, só isso", a rainha tranquilizou a caçula e a abraçou.

Na manhã seguinte, a princesa foi ao espelho como de costume para escovar os cabelos e notou pela primeira vez como seu nariz era volumoso. Na verdade, quanto mais ela olhava, mais ela percebia o quão feio, grande e achatado ele era, como um porco. E seus olhos! Como eram redondos, mal posicionados bem acima dos ossos largos da bochecha. Ela lançou-se assim ao chão, chorando angustiada, certa agora que aqueles visitantes da meia-noite não foram apenas um sonho e suas palavras eram, sim, verdadeiras. Passou o dia todo em prantos no quarto, sozinha, sem ver ninguém. Ao entardecer, adormeceu, deprimida e exausta, apenas para ser acordada mais uma vez pelo grotesco bando de gnomos que se contorciam de um jeito doentio.

"Você é uma de nós!" entoavam em um coro rouco, iluminando as arandelas da parede e dançando freneticamente em torno do quarto da menina. "Chame os guardas mais uma vez, e nós revelaremos sua ascendência para todo o castelo!" Os monstros tomaram os pertences da princesa e causaram estragos no quarto até o amanhecer, quando voltaram para sua morada subterrânea, levando tudo o que desejavam. O cheiro de seus corpinhos pútridos persistia no recinto muito depois de sua partida. Todas as noites, a princesa sofria o assédio e, durante os dias, se mantinha solitária, comendo quase nada da comida que os servos traziam. As sobras eram revistadas pelos gnomos barulhentos durante suas visitas noturnas. Jogando a comida uns nos outros enquanto arrotavam a engoliam, os monstrinhos refestelaram-se em um grande banquete.

Os gnomos traziam com frequência o espelho que a princesa havia escondido porque ela não suportava mais olhar para si mesma. Arrastando a relutante garotinha para ficar diante do próprio reflexo, eles se deleitavam em apontar cada aspecto gnômico das feições da caçula.

"Pare, pare!", gritava ela, cobrindo o rosto com as mãos. "Pare, pare", eles imitavam o apelo com prazer, pois sabiam o que a princesa desconhecia algo fundamental: a imagem que ela via era falsa. Antes de despertá-la a primeira vez, os gnomos haviam encantado o espelho para refletir um rosto horrível, que a fizesse acreditar em suas mentiras.

◆

Em seu 15o aniversário, haveria um banquete e uma celebração em homenagem à princesa. Embora ela implorasse à mãe para cancelar as festividades, a rainha não quis saber de suas justificativas.

"Você está doente há muito tempo em seu quarto, minha filha", disse a rainha. "Uma celebração nestes tempos sombrios fará bem a todos nós."

"Como você pode ser tão cruel comigo?", a princesa protestou com raiva.

"Do que você está falando?" perguntou a mãe incrédula.

"É insuportável andar entre as pessoas e saber que secretamente elas têm pena e zombam de mim."

"Por que alguém teria pena ou zombaria de você?" As sobrancelhas da rainha se ergueram expressando dúvida.

"Porque eu sou feia!"

"Bobagem", disse a rainha, segurando o rosto da princesa com as mãos. "Você é linda."

Em seu coração, mas não em voz alta, a princesa pensou: "Ela não olharia para mim tão generosamente se soubesse a verdade sobre minha linhagem."

Na festa de aniversário, a princesa usou o cabelo comprido e solto de cada lado para cobrir o rosto o máximo possível. Mantendo o queixo abaixado, ela espiava por baixo das mechas apenas quando necessário e evitava a humilhação de fitar os olhos dos demais presentes. Não suportava a ideia de que os outros apenas exercitavam a falsa gentileza, uma etiqueta fabricada, cortesia apenas de sua posição real.

Embora o pai não pudesse deixar as linhas de batalha, dois de seus irmãos voltaram para casa para descansar junto com um punhado de outros cavaleiros exaustos. Gargalhadas tensas enchiam o salão do banquete, como se todos os presentes se perguntassem se aquela seria o último encontro. O toque de alaúdes e trompas incentivava os convidados a dançarem em círculo com as mãos postas no ar.

"Adorável senhora?" perguntou um amigo de seu irmão, convidando-a para dançar com ele. Há muito ela o considerava o cavaleiro mais amável e bonito de todos os tempos, mas agora se sentia agredida pelo tratamento insensível do rapaz. Como ele ousava zombar de sua aparência, chamá-la de uma senhora adorável na frente das pessoas! Ela sentiu seu rosto enrubescer de vergonha com as risadinhas imaginárias que a caridade do cavaleiro para com ela arrancaria dos convidados.

"Não," ela murmurou e recuou, olhando para o chão até que viu os pés dele se afastasse, Outro par de botas se aproximou.

"Dance comigo, princesa", o homem gritou exageradamente e com satisfação. Ela reconheceu a voz imediatamente. Era o filho beligerante de um dos duques de seu pai. Ela sempre evitou seus avanços desagradáveis.

"Não," ela murmurou mais uma vez, mas ele agarrou a mão dela e a arrastou para dentro do círculo. Quando a música acabou, ele permaneceu ao lado dela e, pela primeira vez, ela se sentiu grata pela ostentação incessante do rapaz, principalmente sobre os supostos feitos de batalha. Pois quando alguém se juntava a eles, ela ficava protegida de ter de conversar.

Depois de algum tempo, seu irmão a puxou de lado. "Por que você o está encorajando, irmãzinha?"

"E por que eu não deveria?" ela respondeu irritada.

"Porque ele é um idiota."

"Tenho quinze anos. Vou escolher meus próprios pretendentes, obrigado." Com isso, ela voltou para o cavaleiro barulhento e apoiando a mão no braço dele.

De repente, um arauto da linha de frente irrompeu na sala, suas roupas respingadas de lama denunciavam as condições da viagem apressada. A preocupação revestia seu rosto, e a rainha se levantou lentamente do estrado real que dava para o salão.

"Minha Rainha, senhores e senhoras." O mensageiro fez uma reverência diante do estrado. "Temos relatos de que o exército do Grande Rei está se movendo no norte contra o feiticeiro! Ele está expulsando as tropas do feiticeiro das terras conquistadas e pode chegar à nossa cidade antes do final do ano."

Na multidão, um murmúrio de descrença e choque converteu-se logo em alegria.

◆

Nos meses seguintes, o exército do Grande Rei avançou e se uniu aos cavaleiros do pai da menina, encurralando a linha de batalha do feiticeiro em direção ao mar. Enfraquecida pelo ataque, a magia negra não mais cobria aquela terra sob nuvens espessas. Aqui e ali, pela primeira vez em anos, o sol apareceu através das nuvens e se distinguia gloriosos raios de luz. Sozinha em seus aposentos, a princesa olhou para o céu com admiração. Diante de seus olhos, um raio de sol atravessou a janela e atingiu o espelho abandonado. A poeira flutuando no recinto cintilou um tom de ouro e prata justo quando a princesa estendeu a mão para alcançar o raio tênue de luz. Ao se mover, a princesa teve um vislumbre de si mesma no reflexo do espelho e se surpreendeu. O rosto não era mais o de um gnomo, mas os contornos de sua verdadeira aparência, ao mesmo tempo familiar e nova. Lágrimas e risos de alívio irromperam do rosto que ela via refletido no espelho. Incapaz de se conter, ela dançou alegremente à luz do raio de sol.

"Era um encantamento!" ela gritou. "Os gnomos devem ter enfeitiçado meu espelho, mas agora eu sei a verdade! Tudo o que eles disseram era mentira!" Ela puxou o cabelo para cima e prendeu as tranças com pentes
de marfim.

Naquela noite, ela preparou-se para a visita grotesca dos gnomos, sem dizer uma palavra sobre sua descoberta. Então, quando o amanhecer se aproximou, ela implorou que fossem embora, sabendo muito bem que, só para irritá-la, eles sempre faziam o contrário de qualquer pedido. Naquela noite, ela queria que eles ficassem um pouco mais.

"Sair? Sair? Você quer que a gente vá embora?, atormentou um gnomo desgrenhado que brincava com os demais de modo frenético.

"Fique longe de mim," a princesa fingiu implorar, recuando em direção às janelas com venezianas. Os gnomos se aglomeraram então rudemente ao redor dela, sibilando e zombando da menina. Virando-se como se quisesse esconder o rosto contra as venezianas, ela esperou até ver o sol nascer através de uma fenda na madeira. Rapidamente, ela então descerrou as venezianas, se afastando para deixar a luz do sol inundar os convidados heterogêneos.

Com gritos profanos, eles caíram no chão de pedra se contorcendo em convulsões enquanto pareciam se dissolver. Ela cobriu os próprios ouvidos para não ouvir os gritos de tormento, pois, apesar de toda a maldade daqueles monstros, ela não podia deixar de lamentar o sofrimento deles. Os corpos encolhidos, reduzidos a fiapos secos, se dispersaram no ar, varridos como folhas de outono por uma rajada de vento. O que sobrou deles girava no ar e então brilhava estranhamente à luz do sol. Para a surpresa da princesa, de repente, do que era os gnomos, surgiram delicadas fadas com asas translúcidas. Rindo e chorando de alegria, o som que elas emitiam parecia o repicar de minúsculos sinos de cristal.

"Obrigado! Obrigado!" disse uma delas, flutuando na brisa da manhã. "Você nos libertou da maldição do feiticeiro. Perdoe-nos, princesa. Em nosso estado amaldiçoado, espalhamos nossa miséria para todos que encontramos. Fomos, para você, o mais cruel entre todos. Perdoe-nos, pois nós também tínhamos esquecido nossa verdadeira natureza. "

Elas esvoaçaram pela janela aberta e, com espanto e felicidade, a princesa observou as fadas voarem para longe.

Reflexão pessoal

Os trechos da parábola que mais me tocaram...

_____
_____
_____
_____
_____
_____

Quando leio esses trechos, sinto...

_____
_____
_____
_____
_____
_____

Que situações na minha vida considero análogas à parábola?

_____
_____
_____
_____
_____
_____

ESPELHO, ESPELHO MEU

Como me vejo? Nos dois espelhos abaixo, anote rapidamente palavras ou frases curtas que outras pessoas usariam para descrever suas qualidades (exemplos: senso de humor, inteligência, beleza ...)

Características descritas por alguém que gosta de mim

Características descritas por alguém que não gosta de mim

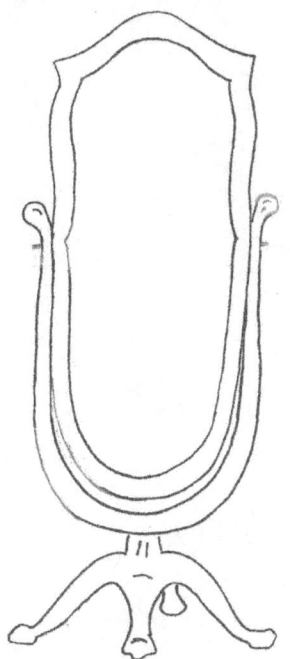
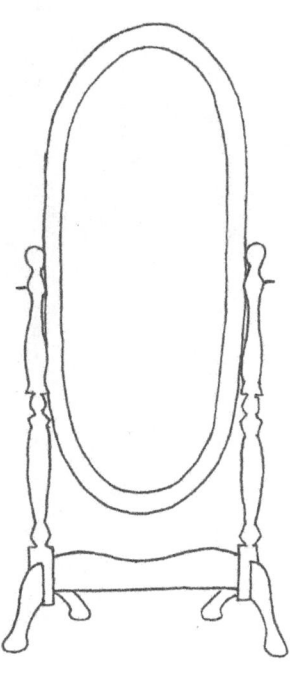

Qual espelho reflete melhor como eu me vejo?

Que características negativas atribuídas a mim não são verdadeiras? Risque-as da lista.

Quais características negativas servem como críticas para o auto aperfeiçoamento?

Que características positivas atribuídas tenho dificuldade de acreditar que são verdadeiras?? Circule-as.

Conforme você circula as características positivas, repita cada uma delas em voz alta completando a frase: "Fico feliz por ser..."

Quando você faz isso, algum gnomo do seu passado pode acusá-lo(a) de ser vaidoso(a). Aponte um raio de sol para o gnomo e deixe a acusação murchar.

A PINTURA

O pintor afastou-se da tela, com o pincel em mãos, para contemplar a sua criação. Seu peito encheu-se de gratidão e orgulho. Aquele era realmente um trabalho digno de ser pendurado no salão do Grande Rei. Que honra ser contratado para pintar nas câmaras superiores do castelo, de modo que a tela pudesse ser facilmente movida, após a conclusão, para o salão abaixo.

Estava ansioso por continuar, mas o céu escureceu lá fora, e logo pôs-se a limpar os pincéis. Amanhã à tarde, ele voltaria quando a melhor luz das janelas da sacada da ala norte mais uma vez banhasse o quarto.

Ao tirar o avental, seus olhos vagaram com amor pelas colinas suaves e onduladas da paisagem pintada. As cores, as sombras, as texturas eram harmoniosas e pacíficas: o céu azul, as colinas verde-esmeralda e o verde azulado do lago. Amanhã ele daria vida às montanhas distantes, envolvendo-as cuidadosamente em tons púrpura. O artista havia misturado cuidadosamente os pigmentos extraídos de frutas e flores colhidas por aquelas montanhas reais. Mesmo inacabado, já era o trabalho mais extraordinário que realizara.

Quando voltou na tarde seguinte, foi recepcionado por uma visão tão terrível que mal podia crer. O cavalete e a tela estavam no chão e manchas pretas arruinavam a paisagem representada na tela.

"Não!", gritou o pintor angustiado. Quem faria uma coisa tão cruel? Que motivo alguém poderia ter que justificasse tamanha destruição? O pintor não tinha inimigos no castelo do Grande Rei. "Por que?", ele gritou, liberando a raiva em sua alma. Raspou então com uma faca as manchas sobre a tela, que pareciam feitas de piche. Grossos e endurecidos, os borrões não saiam mesmo com ele raspando com força. Desesperadamente, ele aplicou tinta fresca, mas, não importava o quanto aplicasse, a cor não podia cobrir a mancha negra.

As encostas idílicas e o lago calmo perdiam a vida quando emergiam daquelas manchas. O céu azul puro era um lembrete patético do que a pintura poderia ter sido. Ele odiava a própria visão por ter de contemplar a pintura arruinada. Uma paródia de promessa. Uma monstruosidade ridícula. Não havia como resgatar a pintura. A obra-prima fora arruinada.

Com uma dor cega, ele pincelou a tela enraivecido, jogando ainda mais tinta. E lá permaneceu chorando com a cabeça entre as mãos pelo resto do dia. Ao anoitecer, ele ouviu alguém arrastando os pés em sua direção, mas se sentia desolado demais para levantar a cabeça.

"O que você quer?", forçou as palavras sem abrir os olhos. "Me deixe em paz!"

"Uma pena," disse a voz rouca. "Não há mais razão para pintar. Você pode muito bem acabar com sua vida se atirando pela janela. "

O pintor ergueu os olhos se perguntando quem entendia tão bem a profundidade da ferida em sua alma. Ele procurou a voz pela sala escura, mas não encontrou ninguém. Em seguida, voltando-se para a varanda, seu olhar caiu sobre o contorno escabroso de um enorme Dragão alado empoleirado ali. Sua enorme cauda balançava preguiçosamente para frente e para trás no piso de laje. Os olhos da besta brilharam em um laranja sujo como brasas.

O pânico fez com que o pintor se levantasse. Horrorizado, ele viu um lodo escuro e fumegante pingar das guelras da criatura que formavam poças de piche no chão.

A raiva explodiu apesar do terror do pintor. "Você fez isso com a minha pintura!"

"Idiota. O que o fez pensar que poderia pintar uma obra-prima? " Faíscas subiram erraticamente da boca e narinas do dragão, traindo o fogo que ardia em sua garganta.

O pintor cambaleou para trás na esperança de escapar da sala antes que a enorme besta o engolisse vivo. Ele ouviu gritos de alarme vindo do pátio abaixo, quando sentinelas avistaram o intruso. O Dragão riu esticando as asas para planar para fora da varanda e desapareceu sobre as muralhas do castelo.

Na manhã seguinte, em seu quarto, o pintor fez as malas para uma jornada na montanha para coletar flores e frutos com o fim de produzir mais tinta. Com o coração pesado, ele temia tentar recriar a pintura em uma nova tela. O original era tão bonito.

"Meu amigo." O Grande Rei o saudou da porta da câmara.

O pintor fez uma reverência. "Meu Senhor, você me honra com sua presença inesperada."

"Eu vi a pintura esta manhã. O dragão certamente deixou suas marcas sórdidas. " Com tristeza no rosto, o Rei segurou o pintor pelo ombro. "E em seu desespero, você mesmo estragou ainda mais a tela, pensando que o trabalho não poderia ser salvo." Não havia qualquer censura no rosto
do soberano.

O pintor sentiu vergonha de sua explosão raiva.

"Mas, você não precisa abandonar a tela. Existe um remédio para

A PINTURA

isso ", disse o Rei. "A pintura ficará pendurada no meu grande salão e inspirará todos que o virem."

"Como você removerá as manchas grossas do Dragão?" perguntou o pintor com esperança renovada.

"O remédio é muito mais poderoso do que isso e vai irritar muito o dragão."

"Diga-me! Que solução é essa" exclamou o pintor.

"Venha, vamos caminhar." O Rei o levou para fora do castelo nas pradarias não muito distantes dali. "O que você vê, meu amigo?"

"Um campo gramado. Colinas e montanhas ao longe. " O pintor não conseguiu esconder sua perplexidade.

Então o rei o puxou para baixo de um imenso carvalho. "Agora, o quê você vê?"

"O mesmo de antes, mas através dos galhos baixos desta árvore", respondeu o pintor enquanto as folhas esvoaçavam e dançavam à sua frente sob a brisa. Quando ele entendeu a visão do Rei para a tela estragada, o rosto do pintor se encheu de empolgação.

"Isso exigirá todo o seu talento artístico e haverá momentos em que você sentirá vontade de desistir antes que esteja completo", advertiu o Rei com compaixão. "Mas, prometa-me, amigo, que não abandonará o projeto. Se você ceder à destruição, o dragão vence. "

O pintor concordou com determinação renovada.

◆

Assim, a pintura era admirada por todos que a viam, uma obra de profundidade e beleza primorosas. Aqueles que olhavam para a tela se sentiam como se estivessem, de fato, no lugar retratado. O lago tranquilo, as colinas graciosas e as montanhas reais não pareciam ser vistas de algum ponto distante. Pareciam despontar entre os galhos tomados de folhas escuras esvoaçantes.

Quando o dragão soube do resultado, ficou furioso e fumegou de raiva por um longo tempo.

Reflexão pessoal

Os trechos da parábola que mais me tocaram...
_____
_____
_____
_____
_____

Quando leio esses trechos, sinto...
_____
_____
_____
_____
_____

Que situações na minha vida considero análogas à parábola?
_____
_____
_____
_____
_____

A PINTURA

Quem ou o quê estragou a pintura de sua vida?

___

Quando você mesmo arruinou ainda mais a pintura, com raiva?

___

Com quem você pode conversar sobre as manchas em sua pintura e como sua vida ainda pode ser bonita?

___

Se você está pensando em acabar com sua vida, por favor, não se machuque. Conselheiros treinados estão disponíveis 24 horas para falar com você no Centro de Valorização da Vida – CVV pelo telefone 188. Encontre um grupo de apoio ou um bom terapeuta por meio de amigos que já passaram por aconselhamento. Peça ao seu pastor ou padre para recomendar um terapeuta em quem eles confiem. Com ajuda, sua pintura ainda pode ficar bonita, mesmo com manchas.

Sua vida é uma obra-prima:

Usando lápis de cor ou aquarelas, pinte a imagem abaixo onde as manchas e cortes se tornaram folhas e galhos. Se isso parece tolice, faça-o para encorajar a criança dentro de você. Você pode querer ouvir algumas de suas músicas favoritas enquanto pinta.

O OGRO

"Eu não me importaria de descansar um pouco", disse o velho inclinado sobre o cajado, se curvando em seguida sobre um tronco rente ao caminho que seguia para a floresta. Atrás dele, vinha uma mulher segurando a pequena filha adormecida, que também parou para aliviar o cansaço sobre o tronco.

Gentilmente, a mãe então dobrou seu xale para proteger do ar úmido as pernas atrofiadas da menina. "Eu me pergunto se o Grande Rei encontrará uma maneira de fazê-la ficar boa instantaneamente; ou é uma coisa que acontece aos poucos, uma graça concedida meramente por se estar em seus domínios?", desabafou a mulher.

"Eu ouvi dizer que acontece dos dois jeitos, mas é mais comum que seja aos pouquinhos", disse o velho, em um tom de reverência. "Alguns dizem que uma vez que se esteja sob seu reino, esquecemos a razão que nos tenha trazido e, então, um dia, percebemos que nos tornamos plenos."

"O motivo da minha permanência é óbvio, mas por que você viaja para a cidade do Grande Rei?", perguntou a mulher.

Afagando sua barba grisalha como se fosse um gato, o homem idoso falava com saudade. "Vivia-se em meu país sob a luz do sol. Lembro-me de como o sol brilhava antes que as nuvens sombrias do feiticeiro cobrissem nossa terra com umidade e garoa. E ouvi dizer que não há ogros nas terras do Grande Rei. " Ele virou a cabeça procurando as altas samambaias ondulando ao fundo da floresta atrás deles.

"As pessoas da minha aldeia riram quando parti com a minha filha. Eles pensam que sou uma viúva tola porque não acreditam que o Grande Rei exista. E, às vezes, eu mesma duvido ", disse a mulher com tristeza na voz.

"Não é fácil buscar o que nunca vimos." As sobrancelhas do velho arquearam-se.

"Fico feliz de ter lhe conhecido pelo caminho hoje", disse a mulher. "Sua companhia é um conforto em uma jornada tão longa quando não há cidades ao longo do trajeto."

"Eu só queria ser mais jovem para poder ajudar a carregar sua filha e nos defender de qualquer mal que possamos encontrar." Levantando-se do tronco, ele olhou ao redor inquieto mais uma vez. "É melhor seguirmos nosso caminho. Temos apenas poucas horas de luz pela frente."

Antes do anoitecer, eles encontraram uma saliência rochosa como abrigo e fizeram uma fogueira para protegê-los de qualquer coisa faminta à espreita na floresta. O anoitecer trouxe temor para a alma do velho. O sono não veio facilmente e seus sonhos foram invadidos por pesadelos de ogros repugnantes. Os monstros tinham mais do que o dobro do tamanho dos homens, braços esguios que se arrastavam quase no chão, bocas abertas com dentes pontiagudos e a pele desnuda esticada sobre ventres inchados. Desde sempre, desejou viver sem ter de temê-los.

O velho acordou de manhã sentindo-se cansado como de costume, mas eles continuaram a jornada. Depois de mais alguns dias de viagem, eles avistaram algo brilhando à distância na floresta.

"Olhe, à frente, lá encima!", a empolgação da mulher agitou a criança. O caminho se erguia diante deles e se bifurcava de forma sinuosa em direção a uma colina arborizada. Cintilando sob a luz amena do entardecer, erguia-se um portão ornamentado com bronze e de altura majestosa. Acelerando o passo em direção ao que contemplavam, seus corações se encheram de alegria. "Certamente esta é a divisa com as terras do Grande Rei!" exclamou a mulher, segurando a filha desperta em torno do quadril.

"Achei que tínhamos muito mais estrada pela frente", exclamou o velho, radiante porque a jornada parecia ter chegado ao fim. De dentro do portal, a floresta parecia se estreitar em uma trilha de flores silvestres. Logo, perceberam que o caminho não conduzia a nenhum vale ou aldeia, pelo menos nada que pudesse ser alcançado naquele mesmo dia ou no próximo. Sequer encontraram outros viajantes. Quando o velho percebeu que as provisões da mãe se tornaram escassas, ele insistiu que ela comesse da
sua comida.

Então, depois de seguirem por aquela trilha por mais dias, o caminho terminou abruptamente. O velho repousou abruptamente sobre uma tora de madeira grossa.

"Fomos cruelmente enganados", disse a mulher.

"Temo que você esteja certa", soou desolado o velho. "Devemos voltar à estrada principal. O portão era, sem dúvida, falso, construído pelo feiticeiro para desvirtuar os viajantes da trilha verdadeira. "

"Como reconheceremos o verdadeiro portão quando o encontrarmos? O feiticeiro pode ter mais de uma falsificação", disse a mulher consternada.

"Eu gostaria de poder responder", confessou o velho.

A jornada de volta à estrada principal parecia duas vezes mais longa, já que eles não viajavam mais com esperança.

Uma vez de volta à estrada, peregrinaram por alguns dias antes de chegarem a uma grande trilha lateral, marcada por postes com tremulantes bandeiras da Casa Real.

"Certamente, este é o caminho verdadeiro", disse o velho. "Não pode estar muito longe agora."

Colheram frutas vermelhas para se alimentar enquanto seguiam em marcha e, então, dias mais tarde, a estrada, de súbito, encerrou em um abismo profundo, sem nenhum caminho a seguir, cercada por uma região selvagem que se estendia ao longo do desfiladeiro.

Extremamente desanimados, eles recuaram mais uma vez.

"Não posso continuar", exclamou a mulher quando finalmente retornaram à estrada principal. "Melhor minha filha passar os dias em casa, aleijada, do que morrer aqui por falta de alimento. Essas bagas de frutas não dão sustento. Veja – apontou para o velho – suas roupas estão frouxas. Estamos definhando!"

"Eu suplico, boa mulher, não volte para sua aldeia. Siga comigo. Tentaremos mais um portão. Se o próximo se revelar falso, então retornarei com você e esquecerei a busca."

"O fervor em tua face é a única coisa que me move a tentar uma última vez", disse a mulher em lágrimas.

Depois de muitos dias de viagem, encontraram outro portal. Este não era ornamentado ou colorido, mas apenas esculpido em madeira. A paisagem não parecia diferente do outro lado de onde eles estavam, mas quando provaram as frutas, se surpreenderam com o sabor e doçura e isto os animou. Antes do anoitecer, atravessaram um riacho, escolheram um local protegido e juntaram lenha para o fogo. A lua brilhava sem nuvens escuras ao redor.

Como era de costume, a mãe cantou baixinho enquanto embalava a filha para dormir, mas, diferente das outras noites, o velho ergueu a mão subitamente, pedindo silêncio. Embora o vento tivesse cessado, eles ouviram o farfalhar das folhas. A floresta estremeceu com o rugido agudo de um ogro. A mulher abraçou a filha com terror.

Os pulmões do velho arfaram como pedras dentro de seu peito. "Corra para o riacho e vá para o outro lado da margem. Ogros abominam a água e não cruzaram o córrego. Vá! Agora!"

Tomando do fogo uma tora incandescente, o velho confrontou a escuridão, quando distinguiu enfim a enorme criatura colidindo com as copas das árvores mais próximas. Sua boca, cheia de dentes afiados, se abriu, acompanhando um olhar enviesado enquanto o corpo da fera se esgueirava sobre o velho. A baba pendia em longos fios de seu queixo. O velho manteve sua posição e acenou com a tocha, com movimentos acima de sua cabeça. O ogro golpeou a tocha com um bastão que erguia com uma de suas enormes mãos, e as labaredas da tora desapareceram noite adentro. O velho pegou então sua bengala e bateu com a ponta do cajado como se fosse um porrete nas canelas esguias da criatura. Rugindo, a besta agarrou o braço do homem e o ergueu no ar. Balançando-o acima de sua cabeça, o ogro rugiu novamente e então o conduziu em direção à sua boca cavernosa.

O velho deslizou por entre dentes enormes e ingressou pelas entranhas rançosas da criatura. Envolto pela escuridão úmida, lutou para respirar em meio ao fedor enquanto lutava para subir. O homem debatia-se em desespero ao sentir que ogro se jogava de um lado a outro, aos urros. O velho ouviu ainda, de dentro da fera, árvores caindo do lado de fora. As paredes carnudas das entranhas do bicho se contraíram mais uma vez, apertando-o com ainda mais força. A dor esmagadora se intensificou a um ponto insuportável até que, no instante seguinte, o velho pudesse puxar o ar novamente.

O velho despertou e se deparou com a floresta enluarada. Estava caído entre as árvores derrubadas, não havia qualquer sinal do ogro. Levantando-se trêmulo, ele alcançou um galho para poder se firmar e percebeu que sua mão, apesar de ainda de ter o aspecto humano, parecia agora jovem e fortalecida. Notou então que seu peito agora era largo e musculoso. Tocou o próprio rosto e verificou que ainda tinha barba, mas se surpreendeu que não era mais acinzentada, mas de cor castanha.

Dando meneios com a cabeça, ria ruidosamente e gritou em voz alta: "Eu pensei que o ogro estava espremendo a vida para fora de mim, mas o que eu sentia era seu corpo gigante se conformando aos meus ossos. Por algum milagre, eu absorvi a força de seu corpo! "

Juntando o cajado do chão, correu e encontrou a mulher aos prantos, com o filho em seus braços e abrigada na outra margem do córrego.

"Boa mulher, não chore. Esta é realmente a terra do Grande Rei! " ele gritou.

"Forasteiro, salve-se rapidamente! Cruze o riacho! Você não ouviu meu companheiro de viagem sendo devorado pelo ogro? Essas coisas não acontecem na terra do Grande Rei", disse ao segurar a criança ainda com mais força.

"Não! Olhe para mim. Sou eu! Seu companheiro de viagem! Saí vitorioso sobre o ogro! " Ele ergueu o cajado retorcido no ar como se fosse uma espada de batalha.

"De fato, é a mesma voz. Como pode ser?", indagou a mulher com cautela.

"Esta é a terra do Grande Rei! O ogro subjugou meu corpo frágil, mas uma vez em suas entranhas, dominei sua débil alma! Estou renovado! "

Ele pulou na água em estado de puro júbilo e alcançou a margem oposta. A água vertia de sua barba. Sacudiu em seguida a cabeça como se secasse como um cachorro e sorriu de orelha a orelha. "Não é maravilhoso?"

"Esta é realmente uma terra de cura!", a mulher concordou com o parceiro de viagem. "Em nenhum outro lugar um ogro poderia ser derrotado dessa forma!"

Reflexão pessoal

Os trechos da parábola que mais me tocaram...

Quando leio esses trechos, sinto...

Que situações na minha vida considero análogas à parábola?

O OGRO

Ogros-do-medo podem nos impedir de viver a vida com que sonhamos. Alguns exemplos possíveis são:

O medo de ser reprovado na escola me impede de matricular-me nas aulas.
O medo de voar em um avião me faz perder viagens interessantes.
O medo de processar as emoções me impede de ir à terapia para resolver um trauma passado.

Escreva abaixo sobre um ogro que você enfrentou em sua vida e, do qual, emergiu mais forte.

_____
_____
_____
_____
_____

Escreva abaixo sobre um ogro que você ainda não tenha enfrentado. Como sua vida seria diferente se esse medo não o impedisse mais de fazer o que deseja?

_____
_____
_____
_____
_____

CASA DE FERREIRO...
LAR DO TROLL I

Imundos de fuligem, o pai e o menino sentaram para o jantar sem dizer palavra. Suas irmãs e o irmão mais novo sentaram-se em silêncio à mesa do chalé enquanto a mãe enchia cuidadosamente as tigelas, começando pelo chefe da família. O pai, conhecido por seus feitos de força, era um homem grande com ombros largos e braços enormes, adequados para o ofício de ferreiro. Aqui e ali, corria o boato na aldeia de que esse homem tinha alguma ascendência troll. Mas ninguém jamais teve a audácia de vociferar tal acusação pessoalmente.

Quando a mãe estendeu a mão para pegar a tigela do filho, o pai rosnou: "Nada para ele. Não prestou para nada hoje. E ainda assustou o cavalo que eu estava ferrando. O bicho quase coiceou minha cabeça. "

Enrubescido de ira, o filho abriu a boca para protestar. Antes que qualquer palavra saísse, ele sentiu a cutucada urgente do pé de sua irmã mais velha. Com os olhos suplicando por silêncio, ela secretamente tirou um pãozinho do bolso e o colocou no colo dele, por debaixo da mesa. O garoto rapidamente o escondeu nas dobras de sua camisa, grato por não ter de ir para a cama com fome. Mas, por enquanto, seu estômago doía enquanto ele sentia o cheiro da carne do guisado e observava os outros comerem.

Sua mãe serviu também refresco para cada um. Então, enxugando as mãos nervosamente no avental, ela se sentou com a família. O pai estava com um humor daqueles. Debruçado sobre a comida como um urso, mastigava lentamente, e seus olhos observavam cada movimento à mesa. As crianças comiam com cuidado, sabendo que mesmo a menor indiscrição poderia desencadear a raiva reprimida durante o dia de serviço.

O filho mais novo quebrou a tensão inquietante. "Pai, você ferrou o cavalo de guerra do Grande Rei hoje? Você viu o Grande Rei? " Sua tagarelice alegre às vezes desarmava o temperamento do pai.

"Não. Era o cavalo de um mensageiro apressado, o animal tinha perdido uma ferradura. Não me interesso em ver o Grande Rei, pois estávamos melhor antes de ele chegar. Forjar espadas para o feiticeiro me trouxe mais ouro do que moldar ferraduras e relhas de arado. Lá fora, todos repetem como o Grande Rei derrotou o feiticeiro, o encurralando em direção ao mar, e assim nos salvou. Mas, ouvi que o mago pediu a ajuda de seu senhor, o Dragão. Portanto, a batalha final ainda está para ser travada."

"Mas o Grande Rei não é mais poderoso do que o Dragão e o feiticeiro juntos?" perguntou o filho caçula.

"Se o Grande Rei tem o poder e a força, por que ele não matou o dragão antes, hein? Feiticeiros, eles vêm e vão, mas não o Dragão. Com o Dragão na jogada, aí, sim, estaremos acabados."

"Como?", a menina dava toda a atenção ao pai enquanto a família trocava olhares furtivos, esperando que a conversa se estendesse durante todo o jantar até que cada um pudesse escapar para concluir as tarefas domésticas e, enfim, dormir.

"Você acha que um céu nublado e trolls tagarelando sobre a coleta de impostos para o feiticeiro eram ruins? Bem, o Dragão não quer moedas. Ele anseia por carne humana. Ele vai queimar este telhado de palha e levar todos vocês, inúteis, para se refestelar em um banquete. Inúteis! " O pai mergulhou em um silêncio taciturno mais uma vez e sorveu da xícara até a última gota.

"Traga-me mais", disse ele ao filho mais novo. Quando o menino obedientemente buscou a jarra e encheu a xícara, seu pai perguntou: "Você já consegue falar sem gaguejar?"

Sem coragem de encararar o pai, o menino balançou a cabeça negativamente.

"Responda-me com uma palavra!"

"N-n-não, senhor," gaguejou o filho mais novo.

"Cérebro de esterco", disse o pai com desgosto, e esbofeteou a lateral da cabeça do menino com tanta violência que ele caiu contra a parede. Aparentemente, a vítima da noite fora escolhida.

"Pelo menos ele tem algo na cabeça ", murmurou o filho mais velho, na esperança de que a provocação tirasse a atenção do pai sobre irmão mais novo.

"O que você disse?" perguntou o pai calmamente, sem levantar a voz. Seus olhos, porém, eram como adagas. Ninguém na sala deu um suspiro. Levantando-se, o ferreiro passou o braço enorme por toda a extensão da mesa e deu um tapa no filho mais velho. O golpe derrubou o jovem de sua cadeira direto no chão de laje.

Pelo menos, a apreensão de levar uma surra chegara ao fim, o menino pensou consigo mesmo enquanto o pai se aproximava para desferir uma série de chutes dolorosos. O garoto estranhamente sabia dos semblantes do resto da família enquanto era espancado. A mãe se afastava, sozinha, e mordia o lábio inferior de apreensão. A irmã mais velha consolava a irmãzinha chorando. E o irmão mais novo fitava o vazio, como se não visse ou ouvisse coisa alguma.

Quanto ao garoto que apanhava, ele, de algum modo, não sentia de início toda a dor causada pelos golpes. Seu corpo só doía mais tarde, apenas depois que seu pai chamava a mulher para se deitar. "Venha para a cama e deixe que os pirralhos limpem a louça."

Só quando o menino se levantava do chão é que sentia a dor. A irmã mais velha prontamente trouxe uma toalha úmida para para estancar o sangramento no rosto.

"Não me mime. Eu não sou um bebê!", ele cuidadosamente examinou a boca com os dedos e ficou aliviado ao encontrar os dentes todos no lugar. A irmã mais velha não teve tanta sorte da última vez que foi espancada. Sempre agora, ao sorrir, ela conscientemente colocava a mão sobre os lábios para cobrir um dente quebrado na lateral.

"Você assustou o cavalo de propósito para que ele desse um coice na cabeça do pai?" perguntou o filho mais novo, incrédulo.

"Não, idiota. O cavalo se assustou quando espirrei. Mas, algum dia vou matar o pai. Ah, eu vou", o menino prometeu com convicção.

"Você não deve dizer isso", repreendeu a irmã mais velha. "Ele é nosso pai. Se todos nós tentássemos com mais empenho nos dar bem, ele não ficaria tão zangado. Devemos todos nos esforçar mais. "

"Tentar mais? Que bobagem é essa! Vou me esforçar mais para apressar a morte dele, isso, sim."

"Por favor, não mate o papai, pois então todos ficaremos órfãos e morreremos de fome", lamentou a menina mais nova.

"Veja o que você fez! Nossa irmãzinha está em prantos", disse a irmã mais velha ao tomar a menina nos braços. "Pronto... pronto. Quietinha agora. Deixe-me ver seu lindo sorriso... alegre a todos com uma risadinha bem feliz. Isso, assim que eu gosto. "

O filho mais velho cutucou o ombro do irmão mais novo. "Você o quer morto também, não é?"

O menino não disse nada, mas deu de ombros, com indiferença.

"Por que eu perco meu tempo com todos vocês?", disse o irmão mais velho. "Vocês agem como se eu fosse o vilão, não nosso pai!"

"Você o provoca. Se eu não tivesse te contido hoje à mesa, você teria discutido sobre o ensopado. Tentamos mantê-lo longe das surras, mas você não nos dá ouvidos. "

"Claro!", o menino olhou irritado para a irmã.

"Olha eu! Olha eu!", interrompeu a irmãzinha mais nova fazendo graça entre os irmãos, equilibrando uma tigela na cabeça. Enraivecido, o menino deu um tapa na tigela. A irmã mais velha conteve o prato no ar, antes que se estilhaçasse na lareira.

"Deixe de maldade!", reclamou a irmã mais velha com o garoto.

"Todos nós levaríamos uma surra se ele encontrasse a tigela quebrada. Você só torna as coisas mais difíceis para nós!"

"Não mais! Resolvam vocês mesmos. Querida irmã, continue se esforçando, até melhorar o humor do papai. Já você, sorria e gargalhe, irmãzinha, talvez você possa moderar o temperamento dele. Meu irmão, não se mexa, fique inerte e talvez o pai esqueça que você mora aqui. Deixo cada um de vocês com suas próprias ideias. Quanto a mim, vou atrás do exército do Grande Rei e me alistar em suas fileiras como ajudante. Então, quando eu tiver idade suficiente para me tornar um guerreiro, matarei dez mil trolls antes de retornar a essa casa e decepar a cabeça de meu pai. Da próxima vez que ele me ver, será a sua morte!"

◆

Ansioso por ter de se explicar novamente a confusão em que se metera, o filho do ferreiro chegou à tenda do acampamento dos cavaleiros e se viu diante do Grande Rei.

"Você solicitou esta audiência privada. Disseram-me que, pela quarta vez só neste mês, você brigou com os outros ajudantes. O que você tem a dizer afinal?", o Rei perguntou calmamente.

"Já tenho altura suficiente para ser promovido a guerreiro. Os outros estão com ciúmes porque logo irei ultrapassá-los", explicou o filho do ferreiro com confiança. "O capitão da guarda está do lado deles, mas eu sei que de Vossa Alteza posso esperar uma audiência justa."

"A prontidão para ser um guerreiro requer mais do que estatura", disse o rei.

"Eu sou forte. Ninguém pode comigo. Já me igualo aos cavaleiros na prática da espada. Por que não posso ser promovido?"

"Eu conheço sua habilidade muito bem. Desde que chegaste tu só fizeste em se aperfeiçoar em todos os sentidos, exceto no que é mais fundamental", disse o Rei com tristeza. "E, pior, pois nisso você resiste à instrução."

O jovem conteve a língua enquanto a raiva crescia dentro dele.

"Você tem o temperamento de uma criança", continuou o Rei. Enquanto falava, o soberano se levantou da cadeira. "Você incita a discórdia onde quer que vá."

"Meu Senhor, é verdade que o fogo dentro de mim queima mais intensamente do que a maioria. Mas, deixe-me derramar as brasas que carrego sobre as cabeças dos inimigos no campo de batalha. Do contrário, serei continuamente consumido."

"Eu gostaria que fosse assim, meu filho. Mas, essa não é a natureza do fogo. Uma vez estimulado na batalha, seu temperamento ficaria mais inflamado do que nunca. " O Rei repousou uma das mãos sobre o ombro do filho do ferreiro, olhando pausadamente para dentro dos olhos do rapaz. "Você quer me servir como um guerreiro?" perguntou o rei.

"Sim senhor. Você sabe que sim, "o jovem prometeu fervorosamente.

"Então você deve estar disposto a superar esse defeito de caráter. Você deve domar o sangue troll em suas veias. "

Durante toda a sua vida o garoto aplicaria uma lição em qualquer um que ousasse levantar tal suspeita sobre sua hereditariedade. Intuiu desde sempre que era verdade, mas ainda assim as palavras do rei o irritaram. "Então eu não posso sentir raiva nunca?"

"Não há nada de errado com a raiva", disse o rei. "Os homens escolhem o que farão com isso. Eles escolhem se querem usar sua indignação para o que é certo ou errado. Um troll, entretanto, fica furioso com qualquer desculpa. Age sem pensar. Se qualquer pensamento ou lógica, ele ataca. Para domar tal ímpeto, você deve fazer uma jornada que não vai querer fazer: você deve voltar para casa. "

"Casa?" O filho do ferreiro exclamou, a princípio desanimado, mas depois animado com um novo pensamento. "Devo matar meu pai?"

"Você saberá o que fazer quando chegar a hora." Abrindo um pequeno baú de madeira, o Rei removeu um pingente de raro valor e nobreza. A gema ametista, incrustada em prata, era suspensa por uma delicada corrente. Deslizando-o sobre a cabeça do jovem, o rei pronunciou: "Você vai precisar disso para a sua jornada."

Quando o garoto alcançou então o topo da colina que dava para estrada que deixava o acampamento do rei, voltou o para olhar para trás, para a vasta gama de tendas. Mais à distância, nuvens sombrias pairavam sobre a fortaleza do feiticeiro nas falésias que recortavam a linha do mar. Ele esperava que o longo cerco continuasse até seu retorno para que ele pudesse estar entre os guerreiros que alcançariam a fortaleza do feiticeiro. Voltando-se para a estrada, o jovem apalpou a gema pendente enquanto caminhava e maravilhou-se de que o rei lhe entregaria tal tesouro.

Em uma noite fria, ele parou para comer e se aquecer em uma pousada e taberna lotada e barulhenta. Sua raiva explodiu quando alguém tropeçou nele, fazendo com que derramasse a caneca em que bebia. Com uma das mãos, agarrou a gola da pessoa que havia errado o passo, recuando o outro punho com a intenção de esmurrar o rosto do homem. No entanto, o pingente de repente queimou seu peito como uma brasa. Olhando para baixo, ele viu o pingente brilhar e, puxando pela corrente, afastou a gema de sua pele. Isso exigiu que ele soltasse o colarinho do homem. Instantaneamente, testemunhou a gema esfriar e ficou intrigado com isso.

Dias depois, a estrada atravessou um pomar repleto de trabalhadores que, ocupados, colhiam as frutas. Uma maçã escapou no ar e o atingiu no ombro. Furioso, ele desembainhou a espada para enfrentar o camponês descuidado e viu que se tratava de um jovem com idade aproximada a dele, que estava empoleirado, de olhos arregalados, em uma árvore próxima.

"Me desculpe, eu não vi você. Eu juro. Eu joguei para ele", o rapaz das maçãs apontava para um grupo risonho do outro lado da estrada. A raiva mais uma vez despertou pingente que queimou uma vez mais seu peito. Por reflexo, ele se inclinou para frente para afastar a corrente da pele. A gema do pingente esfriou quando decidiu finalmente que seria ridículo decepar a cabeça de alguém por conta de uma maçã arremessada. Na verdade, ele caiu em gargalhada ao pensar na estupidez de sua reação.

De repente, sua jaqueta começou a ficar pesada. Para seu espanto, pequenas pedras preciosas saíram dos bolsos como feijões de um saco aberto. Os camponeses ficaram boquiabertos enquanto ele juntava o tesouro que se derramava em suas mãos. Com os bolsos cheios, ele seguia perplexo.

Na aldeia vizinha, o filho do ferreiro procurou o moleiro para comprar um saco de viagem. Parecia ser o jeito mais inteligente de carregar as pedras preciosas, em vez de exibir o volume abarrotado em seus bolsos e chamar assim a atenção para sua nova riqueza. Mas a notícia das gemas se espalhou. No dia seguinte, dois ladrões o abordaram na estrada. Enfurecido, ele lutou por sua vida e sofreu um corte na coxa antes de empalar um dos atacantes.

O outro agressor agarrou o saco de joias e correu, mas o filho do ferreiro o perseguiu e o jogou no chão, o rendendo enfim com a faca rente ao pescoço do ladrão. "Você deve morrer como seu amigo", ele rosnou para o homem que lutava para se libertar. De repente, o pingente esquentou até queimar. Afastou apenas um pouco a lâmina da garganta do ladrão para reavaliar o que devia fazer. O pingente não havia brilhado durante a luta, quando ele defendia a própria vida. Mas, agora, com o atacante subjugado, ele não estava sob ameaça. Mesmo assim, argumentou consigo mesmo que o homem merecia a morte. Moveu a lâmina contra o pescoço do ladrão e mais uma vez e sentiu o pingente arder sobre a pele. Embora o irritasse admitir, ele sabia o que tinha que fazer. Atou então o ladrão e o deixou na estrada para que outros o encontrassem. Nenhuma nova joia surgiu de seus bolsos daquela vez. Não deixou de pensar que provavelmente porque a ira ainda queimava dentro de si.

Na aldeia adiante, cuidou de seu ferimento e comprou algumas roupas mais bem-acabadas para substituir aquelas rasgadas na confusão. Comprou também um bom cavalo para leva-lo mais rapidamente ao seu destino. Em pouco tempo, estaria de volta à aldeia do pai.

Reflexão pessoal

Os trechos da parábola que mais me tocaram...

Quando leio esses trechos, sinto...

Que situações na minha vida considero análogas à parábola?

Papeis familiares

Você pode reconhecer alguns dos papeis familiares disfuncionais entre os filhos do ferreiro.
A heroína sobrecarregada e responsável da família (a filha primogênita)
O bode expiatório raivoso e encrequeiro (o filho mais velho)
O filho negligenciado (filho mais novo)
A humorista que proporciona alívio cômico à tensão familiar (a caçula)

*Que papel ou combinação de papéis você e seus
irmãos desempenharam em sua família?*

_____

_____

O pingente em minha vida

O pingente representa a autoconsciência sobre nossas emoções e comportamento. A auto avaliação nos permite fazer escolhas, em vez de reagir mecanicamente, como no passado. Relacionar-se conosco e com os outros de maneira mais saudável nos enriquece como pedras preciosas que brotam de nossos bolsos.
    Alguns exemplos de como reagir sem refletir antes:
- Ofender alguém usando uma expressão desrespeitosa.
- Não me dar conta que interrompo os outros ou que falo demais durante as conversas.
- Procrastinar quando um projeto me intimida.

*Se eu tivesse um pingente mágico, isso me ajudaria a estar
ciente do meu comportamento em relação a...*

_____

_____

_____

_____

Recursos

À medida que nos recuperamos dos nossos problemas, somos enviados em uma jornada que talvez não queiramos fazer; uma viagem para casa no sentido de examinar o que aconteceu em nossas famílias para que possamos superar os velhos padrões que nos condicionaram. Lançando em 2021, a obra "Manual de Tratamento de Experiências Adversas na Infância" (*The Adverse Childhood Experiences Recovery Workbook*, no original em inglês), pelo autor Glenn R. Schiraldi, traz recursos práticos que podem auxiliary na recuperação..

O EMDR é um tipo de terapia especialmente eficaz no tratamento de traumas. Encontre um terapeuta de EMDR perto de você: *https://www. emdria.org/find-a-therapist/*

Você pode não ter ou ter tido pais saudáveis, mas pode aprender a ser um pai que cuida de si mesmo. O livro *"Auto parentela"* (*Self Parenting*, Yellow Book 1987), de John K. Pollard, talvez possa orientá-lo você nesse processo.

CASA DE FERREIRO...
LAR DO TROLL II

Aproximando-se do chalé localizado atrás da oficina do ferreiro, ele podia ouvir o ruído do martelo de seu pai colidir com a bigorna. O pingente que trazia esquentou inconvenientemente enquanto ele imaginava malear a cabeça do pai com o mesmo martelo. Porém, antes passar na oficina, iria rever o resto da família.

Quando ele abriu a porta, sua mãe e irmãs ficaram apreensivas. As vagens que tinham colhido caíram de seus colos.

"O que deseja, caro senhor?", disse em tom inquisitivo a irmã mais velha, pois eles não o reconheceram.

"Vim ver minha mãe e minhas irmãs", respondeu o filho do ferreiro.

A irmã mais nova abriu um sorriso e correu para abraçá-lo. Ela cresceu muito mais do que ele esperava, ainda assim conseguiu erguer a pequena facilmente em saudação.

"Onde está meu irmão?" ele perguntou, colocando-a no chão.

O sorriso da menina se desvaneceu. "Ele foi embora há alguns meses, depois que papai encontrou as peles velhas que ele estava escondendo e usando como pergaminho. Ele gostava de escrever muitas palavras. O pai bateu nele quando encontrou os pergaminhos e jogou todos no fogo para o dissuadir da tolice de escrever. Não sabemos dele desde o dia em que partiu. Sequer se despediu. "

O calor do pingente flamejou em seu peito com os pensamentos violentos que não podia evitar em relação ao pai.

"O pai não pode saber que você está aqui", suplicou a irmã mais velha. "Ele põe a culpa de todos os males em você, e isso só piorou desde que você partiu, pois ele está sobrecarregado de trabalho e sem a sua ajuda. Por favor, saia. Ele ficará furioso se o ver. "

"Você não precisa mais temer o temperamento dele", disse o irmão, despejando algumas gemas brilhantes na mesa de madeira rústica. "Vou cuidar de todos vocês agora. Venham comigo. " Ele gentilmente abraçou sua mãe trêmula. "Não há mais necessidade de viver com medo. Embale o que quiser, todos vocês, e vamos embora. "

Sua mãe se afastou dele lentamente, seus olhos se desviaram e ela balançou a cabeça. "Eu não posso deixar seu pai. Não seria certo. Ele é um bom homem que trabalha muito para nos sustentar. "

"Um bom homem? Apenas em comparação com o seu próprio pai, que bebia cerveja demais e não trabalhava. Você merece muito mais do que qualquer um deles, mãe", disse ao estender a mão para ela. "Venha comigo."

"Não, eu não posso deixar seu pai," ela sussurrou. Espremendo as mãos, ela deixou o recinto.

"Não vou deixar a mamãe para trás. Ela é muito frágil para cuidar da casa sozinha ", afirmou a irmã mais velha. "Agora, por favor, vá antes que ele encontre você aqui."

"Eu não vou a lugar nenhum até que você fale com ela e a convença a vir. Ela sempre ouve você."

"Não, eu não vou importuná-la. Veja o que você está fazendo. Assim como antes, você está sempre incomodando a todos! " O rosto da irmã se enrubesceu.

"Vamos brincar de esconde-esconde como costumávamos fazer!" exclamou a irmã mais nova, empurrando-se entre seus dois irmãos zangados. "É divertido?"

"Cale-se!" rosnou o irmão.

"Vou brincar de esconde-esconde com você, querida", disse a irmã mais velha, pegando a criança nos braços e olhando furiosamente para o irmão.

"E você vai ficar ou ir comigo?" ele bufou para a caçula.

"Você está sempre zangado comigo. Eu não quero ir ", disse a menininha.

Ele levou a mão à testa, exasperado. "Muito bem. Não vou pressionar nenhuma de vocês para vir. Mas vou deixar essas joias para facilitar um pouco a vida de vocês "

"Não, irmão. Leve-os com você ou papai vai querer saber de onde vieram. Ele os jogaria no rio em vez de aceitar caridade de você. " A irmã mais velha recolocou as gemas na bolsa e as entregou de volta para ele.

O rapaz teve vontade de gritar que eram tolas, mas em vez disso disse: "Vou enterrar as pedras preciosas no lado norte da árvore retorcida". Era uma árvore que eles escalavam com frequência, atrás do chalé. "Quando precisarem delas, estarão lá esperando."

"Faça o que quiser com elas, mas saia agora antes que papai veja seu cavalo e venha ver quem está aqui.

Partindo com raiva e desapontamento, o filho do ferreiro enterrou as joias como havia prometido. Em seguida, foi até o cavalo e arrancou uma das ferraduras.

O pingente sob sua camisa ficou quente enquanto ele conduzia o animal para a frente da oficina da ferraria. Apenas algumas pessoas passaram por ele, pois a loja e o chalé eram as últimas construções no final da estrada da aldeia. As grandes portas duplas estavam abertas e os cheiros de sua infância exalaram. Ele podia ver seu pai atrás derramando ligas derretidas em moldes e o pingente em seu peito parecia quente.

"Bom dia, senhor", seu pai o cumprimentou sobriamente, sem sorrir. "O que você precisa?" Como os outros, ele não reconheceu o viajante.

Por um momento, olhando para o rosto odiado, o filho ficou sem palavras. "O cavalo perdeu uma das ferraduras", disse ele finalmente.

"Vamos dar uma olhada", disse o ferreiro, levantando a perna do cavalo. Quando o pai se curvou, o filho pensou como poderia facilmente desembainhar a espada e separar aquela cabeça arrogante do resto do corpo. Ele engasgou com a dor repentina e intensa do pingente e se inclinou para afastá-lo de sua pele. "Você está doente?" perguntou o ferreiro.

"Velhas feridas", disse o filho.

O ferreiro gargalhou enquanto trabalhava no sapato. "Certamente você é muito jovem para ter ferimentos de batalha."

"Fui atacado por um troll na minha juventude", disse o filho com os dentes cerrados, os olhos fixos na ferraria.

"Poucos vivem para contar sobre isso."

"Tive a sorte de sobreviver", afirmou o filho. "E sou afortunado por possuir uma grande riqueza. Preciso de um homem forte como você. O local de trabalho fica longe daqui. Você não pode levar sua família, mas será mais rico do que jamais sonhou. " Ele despejou pedras preciosas de outra bolsa em sua mão e as estendeu para o ferreiro. As sobrancelhas espessas do homem se franziram e ele examinou o rosto do viajante com desconfiança.

"Quando a esmola é muita, o santo desconfia. E por que eu deveria abandonar aqueles que dependem de mim?"

"Vou te dar uma bolsa repletas de joias, mas você deve concordar em viver sua vida onde eu determinar. Antes de partir, darei a mesma quantia à sua família. Não lhes faltará nada. Jamais", respondeu o filho.

"Que truque é esse, eu não sei. Mas vou lhe dizer algo Apenas um vira-latas deixaria sua família, com ou sem joias. É melhor você tentar sua proposta em outro lugar. "

A ferragem estava terminada. O filho, determinado a livrar a família de seu algoz, ponderou com aflição sobre o que estava prestes a fazer.

"Deixe-me pagar pelo seu trabalho com o pingente", disse ao remover a corrente em volta do pescoço e coloca-lo no seu pai. O ferreiro ergueu as sobrancelhas e examinou-o com interesse.

"Use-a sempre e você poderá controlar sua natureza troll. Eu sei, porque me ajudou, pai. "

"Pai?" cuspiu o ferreiro, pálido de surpresa ao perceber quem era o viajante. Sem pensar, ele se lançou para estrangular o filho. A dor causada pelo pingente abrasador enfureceu ainda mais o ferreiro que teve de desistir do ataque. Arrancando-o do pescoço, ele o jogou na palha atirada pelo chão. Os dois então andaram em círculos, estudando um ao outro, com os joelhos levemente flexionados e os braços armados, prontos para a violência. O filho recuperou o pingente com seus pés sem tirar os olhos do pai e colocou-o mais uma vez no próprio pescoço.

"Você achou que ia me matar tão facilmente com o maldito pingente? Você deve morrer! Desde o seu nascimento, você tem sido um ingrato. Lamento o dia em que te concebemos. Você é uma urtiga constante na minha carne! Eu teria te afogado quando coloquei os olhos em você pela primeira vez, se não fosse o pedido de sua mãe. Minha misericórdia só trouxe sofrimento para ela todos esses anos. Você tem sido a ruína de nossa existência! "

"Tudo de troll que você carrega, você atribuía a mim? Vasculhe atentamente suas memórias, pai. Eu não era exatamente como você? "

Os lábios do ferreiro se curvaram em desdém e ele se virou para acertar o queixo do filho. Mas o jovem se esquivou do golpe e ficou surpreso ao se ver rindo.

"Você não tem mais poder sobre mim. Não pode me vencer. E também não pode mais me fazer odiar você. Você tem a força física de dez homens, mas por dentro você é fraco e digno de pena! Estou livre de você! " Os bolsos transbordaram de gemas tão fartamente que cobriram o chão até os tornozelos.

"Que feitiçaria é essa?" O pai recuou com raiva ao olhar para o chão, pois as gemas pareciam cortar o velho como cacos de vidro. "Lute como um homem, sem truques. Lute de mãos limpas e vamos ver que vence "

"Acabou", disse o filho. "Está acabado" E sabendo o que fazer, ele montou o cavalo e partiu.

Reflexão pessoal

Os trechos da parábola que mais me tocaram...

_____
_____
_____
_____
_____
_____

Quando leio esses trechos, sinto...

_____
_____
_____
_____
_____
_____

Que situações na minha vida considero análogas à parábola?

_____
_____
_____
_____
_____
_____

Quando experimentamos crescimento e mudanças positivas, naturalmente queremos compartilhar um pouco dessa nova "riqueza" interpessoal com os membros da família. Mas sua nova perspectiva pode ser desconfortável para seus familiares. A melhor maneira de compartilhar nossas novas "riquezas" é simplesmente ser saudável, apesar das pressões familiares para recair em velhos padrões disfuncionais.

Aqui estão alguns exemplos de substituição de antigos papéis nas interações familiares.

Meu antigo papel:
Eu ouço mamãe reclamar do papai e ela nunca pergunta sobre o que está acontecendo na minha vida.

Novo papel:
Eu digo: "Lamento que você esteja chateada com o papai. Eu sei que dói. Você gostaria de ouvir algo legal que aconteceu comigo hoje? Posso contar?"

Meu antigo papel:
Quando estou com minha família, durante as férias, eles bebem e assistem televisão. Eu apenas sento lá, entediado.

Novo papel:
Trago um jogo de tabuleiro e convido quem quiser para jogar. Os demais podem seguir assistindo TV.

Escreva no espaço abaixo sobre alguns papéis familiares que você gostaria de substituir.

Minha antiga função:
_____

Novo papel:
_____

———

Minha antiga função:
_____

Novo papel:
_____

Escreva uma carta que você não enviará

Quando crescemos em famílias disfuncionais, devemos finalmente lidar com a raiva e outros sentimentos intensos. Usando uma folha de papel avulsa, escreva uma carta para um dos seus pais que, no fim, você não irá enviar. Simplesmente diga a seus pais como você experimentou seus anos de crescimento, o que você apreciava neles, bem como o que o magoou. O objetivo é expressar o que está dentro à medida que os sentimentos ocorrem, sem qualquer edição.

Com a ajuda de um grupo de apoio ou de um terapeuta, você pode um dia redigir uma carta real destinada a um dos seus pais. No entanto, agora basta escrever sem pensar em torná-la "apresentável". Se for conveniente, você pode encerrar a carta com as palavras do filho do ferreiro: "Você não tem mais poder sobre mim!

OS SÁBIOS ESCOLHIDOS

O filho mais novo e quieto do ferreiro cresceu até a idade adulta enquanto vagava por muitas terras em busca da verdade. Tudo o que ele descobriu e pensava, carregava apenas em seu coração, pois escritos e pergaminhos não se ajustam tão bem à vida de nômade. Poucas pessoas que ele conheceu refletiram sobre questões relacionadas à vida como ele. E apesar de tudo, continuava destemido.

Por vezes, à noite, quando dormia, sonhava com um castelo à margem de um lago defronte a uma montanha e rodeado por picos magníficos. O castelo desaparecia durante alguns instantes, encoberto pela espessa neblina matinal enquanto, no sonho, o rapaz navegava em direção a ele, em um barco precariamente construído e tomado por um senso de profunda determinação. Despertava do sonho sempre triste, mas munido de um fervor renovado em sua busca.

O rapaz visitou muitos lugares, mas jamais permanecia em nenhum lugar por muito tempo, até o dia em que encontrou uma cidadezinha, diferente de qualquer outra que tivesse visto. Teve essa certeza ao encontrar o primeiro aldeão varrendo alegremente a praça de paralelepípedos. Um após o outro, as pessoas o cumprimentaram calorosamente enquanto realizavam suas tarefas com satisfação. Ao que parecia, preparativos estavam em andamento para um banquete que ocorreria na praça principal.

"Você vai ficar e banquetear conosco, viajante?" perguntou um homem em tom amigável.

"Com prazer", respondeu o filho do ferreiro. "Mas diga-me, senhor, a celebração é em homenagem a quem ou ao o que?

"Ao Grande Rei, é claro", sorriu o homem de feições robustas.

"O Grande Rei estará aqui?" perguntou o filho do ferreiro com interesse, pois muitas eram as histórias que ele ouvira sobre o soberano.

"Somos o povo do Grande Rei e construímos o castelo de onde ele reinará." O homem ergueu um braço em um gesto grandioso em direção a uma colina no centro da vila, onde era possível se distinguir a fundação recém-construída de um futuro castelo.

"Professor", uma jovem se dirigiu ao homem respeitosamente. "A refeição está pronta para ser servida". Ao dar o aviso ela sorriu timidamente para o filho do ferreiro.

"Venha, vamos comer!" anunciou o homem com uma voz estrondosa e, em seguida, fez um sinal ao filho do ferreiro para que se sentasse ao lado dele. Jovens e velhos se reuniram nas muitas mesas fartas de comida dispostas na praça. "Que você encontre aqui sustento para seu corpo e a alma", disse o homem amigavelmente ao passar um prato de frango fumegante para o viajante.

"Assim como você, cheguei há poucos meses. E não tenho mais vontade de partir", explicou um jovem sentado próximo deles. "Os sábios escolhidos aqui sabem as respostas para a vida e a felicidade. E o maior entre eles foi quem o convidou para esta refeição. Na verdade, você é um privilegiado."

"Mas onde está o Grande Rei?" perguntou o filho do ferreiro com curiosidade.

"Ele habitará entre nós quando o castelo for concluído", respondeu o professor. "Se você quiser conhecê-lo, é bem-vindo para ficar entre nós e ajudar com as obras."

"Receio saber nada de construção e carpintaria."

"Nenhum conhecimento é necessário. Apenas um coração disposto."

Então, o filho do ferreiro decidiu ficar por ali para ajuda-los nas obras do castelo. Enquanto as pessoas trabalhavam, os sábios se revezavam dando aulas em pontos diferentes do castelo em construção. Falavam sobre a vida, os relacionamentos e a paz interior. Suas palavras eram profundas, e o filho do ferreiro percebeu, ao ouvi-los, que tinha muito a ponderar.

Todos os dias após a refeição da noite, o rapaz procurava um dos sábios para dar sequência aos questionamentos.

"Uma mente que busca a verdade, preciosa e a sede por aprender", elogiou o professor. "Poucos são os que se envolvem com os assuntos mais profundos."

"Mas, o que você quis dizer quando ao afirmar que devemos deixar tudo o que aprendemos para trás ao chegamos aqui? É tão volátil a verdade para existir em outros lugares?"

"Não", respondeu o sábio pacientemente. "A verdade é poderosa, mas aqueles que não abrem os olhos não conseguem a enxergar. Você ainda está cego pelo seu passado, viajante, pela casa sombria em que você cresceu". Eles então se sentaram com um punhado de outras pessoas ao redor de uma lareira situada próximo a uma das cabanas.

"Percebo uma ligeira hesitação, às vezes uma pausa entre suas palavras", disse ao filho do ferreiro o jovem que havia chegado à aldeia pouco antes dele. "Eu me pergunto, você gaguejava quando criança?"

O filho do ferreiro enrubesceu. Tratava-se enfim de uma deficiência com a qual ele lutou por muito tempo para superar. Ele não gostou de ouvir que o problema ainda se fazia perceber.

"Não se envergonhe", sorriu o sábio. "Todos nós viemos aqui com fragilidades. Nosso irmão não falou para rebaixá-lo, mas para libertá-lo. Ele já aprendeu muito durante seu tempo conosco."

O irmão sorriu com o elogio e continuou sua pergunta. "Para quem você fala, do seu passado, que ainda o faz escolher suas palavras com tanta cautela?"

"Meu pai", respondeu o filho do ferreiro, inquieto. Não podia deixar de pensar que o interlocutor estava mais interessado em parecer sábio do que em cuidar da alma dos outros.

"É difícil para você confiar, mesmo tanto tempo depois", disse o sábio, assumindo o comando da conversa. "Nós não somos como seu pai. Você pode gaguejar aqui, e ninguém irá menosprezá-lo. Entende agora por que deve esquecer o que aprendeu antes de se juntar a nós? Abandone as coisas velhas. Dê boas-vindas aos novos pensamentos. Seja quem você é, sem medo."

Os outros ao redor da lareira acenaram com a cabeça em concordância, cada um tomando aquelas palavras e tentando as entender em seu próprio contexto.

Com o tempo, as paredes do castelo se ergueram lentamente. Os dias eram longos, mas o tédio do trabalho era amenizado pelos sábios e suas palestras. E pela jovem tímida que o filho do ferreiro conheceu na festa daquele primeiro dia.

Ele a ajudou a limpar as caldeiras de comida após as refeições noturnas, e então ela o ajudou a ferver juncos para cozer a polpa e transformá-los em pergaminhos. Ao registrar as palavras dos sábios, ele a ensinou a ler e escrever, pois a mente da menina era afinal afiada e tinha a virtude de pensar com clareza. Ele a amava e tinha certeza de que o mesmo ardor brilhava nos olhos dela em relação a ele.

"Nunca me senti como se pertencesse a qualquer lugar até agora", refletiu o filho do ferreiro certa noite, enquanto a levava até a cabana que ela dividia com outras donzelas. "Na minha própria família, era como se eu tivesse nascido na casa errada, com pessoas com quem eu não tinha nada em comum. Mas aqui, quase tão lentamente a ponto de passar despercebido, comecei a sentir uma sensação de afinidade com todos vocês."

Ela apertou a mão dele com alegria. "Eu pensei que era contente aqui antes de você chegar. Mas agora estou realmente feliz."

Ele amava a forma como os pequenos fios de cabelo sempre se soltavam de suas tranças e caíam levemente sobre seu rosto.

O filho do ferreiro pegou a outra mão dela e puxou-a para encará-lo, "Seja minha esposa."

Ela corou ao sorrir. "Teremos que perguntar aos sábios escolhidos."

"Por que?"

"Porque é assim que se faz aqui." Ela riu abraçando-o.

"Não é o momento certo", respondeu o maior entre os sábios. "Você chegou há pouco tempo, viajante."

Desanimado, o filho do ferreiro voltou a consultar os sábios. "Quantos meses mais você precisa para eu provar minha minha resolução e comprometimento?" O rapaz não podia imaginar a decepção da moça ao ter que dar notícia de que os sábios não consentiram com a união.

"Não é questão de meses. É uma questão de coração. Você ainda nos questiona sobre o que ensinamos, assim como fazia ao chegar. "

"E isso te desagrada?" perguntou o filho do ferreiro, surpreso.

"Em algum momento, você deve parar de lutar contra a verdade e abraçá-la". O sábio olhou penetrantemente em seus olhos.

"Mas isso é quem eu sou. Eu penso, questiono e pondero. É minha natureza. "

"Não, é a sua desconfiança que faz essas coisas. Quando você realmente acreditar, você descansará na verdade ", assegurou o sábio.

A partir de então, o filho do ferreiro trabalhou diligentemente para conter a língua. As perguntas ainda surgiam em sua mente, mas em seu íntimo ele se se censurava, se recusando a dar voz a pensamentos fugazes. Estranhamente, a hesitação e a pausa em sua fala voltaram a importuná-lo enquanto ele tentava purgar sua alma de qualquer reflexo de deslealdade. O rapaz passou a gaguejar com frequência e percebia nas faces dos demais o desconforto e a piedade para com sua condição. Então, foi questão de tempo até ele optar por se manter em silêncio, em vez de expor a deficiência.

Mesmo com a jovem que amava, ele passou a ficar mais em silêncio.

"O que está errado?" ela perguntou, certa noite, preocupada.

"Temo ser um um... su-su-súdito indigno do Grande Rei", confessou a ela. "E m-m-muito indigno de ser seu marido. "

"Por que você tem esses pensamentos? Os sábios estão satisfeitos com você e nos deram permissão para casar no outono. Você deveria estar feliz, não triste, "ela disse suavemente.

O filho do ferreiro olhou nos olhos dela e se perguntou se devia compartilhar com ela suas aflições. Decidiu não o fazer, pois sabia que ela insistiria para que ele procurasse a ajuda de um dos sábios. No entanto, se eles conhecessem seus verdadeiros pensamentos, não permitiriam que os dois se casassem.

OS SÁBIOS ESCOLHIDOS

Foi forçado a viver uma mentira se quisesse ser feliz. No entanto, como ele poderia ser feliz em tal desonestidade, mesmo sendo casado com a mulher que amava? Com a alma angustiada, ele desejou boa noite a ela e e seguiu sozinho. Por alguma razão, foi assaltado por pensamentos sobre o castelo no alto montanha e se questionou por que o sonho não lhe ocorria há tanto tempo. Tendo já se afastado da aldeia, ele olhou de volta, para o castelo enluarado elevando-se majestosamente acima das cabanas com telhado de palha. A fortaleza não ficava à beira de um lago. Nenhum pico se erguia altivo por trás dele. Amanhã era o dia da grande festa para a conclusão da obra. Mas o coração do viajante não estava alegre.

O povo entoou canções ao Grande Rei enquanto os sábios ocupavam seus assentos nos tronos do castelo. A maior e mais ornamentada cadeira do centro estava ocupada pelo grande professor. Ele sorriu com benevolência para os aldeões aglomerados na sala enorme. Quando ele se levantou para se dirigir a eles, o silêncio de expectativa recaiu sobre a multidão que o admirava.

"A luz do Grande Rei se faz presente conosco aqui hoje", anunciou o mais sábio entre os sábios. "E assim ele reinará, por nosso intermédio."

"Quando eu cheguei, você disse que o próprio Grande Rei ocuparia o castelo e dele reinaria", disse o filho do ferreiro com clareza, sem gaguejar.

Ruídos de espanto e indignação preencheram a sala. A noiva do filho do ferreiro olhou para ele horrorizada. Embora o olhar dela o tivesse afligido profundamente, ele alçou aos degraus do estrado e enfrentou os aldeões.

"Vocês se esqueceram do que os sábios nos ensinaram quando começamos a construir o castelo? Disseram que era o Grande Rei o ocuparia e daqui iria reinar. Todos estávamos ansiosos para conhecer o Grande Rei! Mas, à medida que o castelo se aproximava da conclusão, os sábios começaram a nos ensinar sobre os ideais do Grande Rei que reinaria por meio deles. Algum de vocês secretamente se indagou sobre isso, como eu me questionei nos últimos meses? Algum de vocês deseja encontrar o Grande Rei como eu? Ele não está aqui. Somente os sábios se sentam nestes tronos. Qualquer pessoa que procurar o Grande Rei deve deixar este lugar para encontrá-lo."

Enfurecida, a multidão correu sobre o filho do ferreiro e o linchou. Ele lutava para respirar pela boca, pois o sangue escorria de seu nariz e descia pela garganta.

"Parem!" ordenou o maior entre os sábios, projetando a voz acima do frenesi da turba. "Minha gente, vocês não entendem o que ele acabou de fazer? Ele os incitou ao abuso, pois é isso que ele conhece. Ele transformou vocês no pai dele, no pai meio humano, meio troll!"

Com a multidão temporariamente contida, o sábio desceu de seu trono para pousar o braço reconfortante em torno da jovem chorosa que amava o filho do ferreiro.

"Deixe-nos amá-lo", disse o sábio ao viajante. "Deixe seu passado para trás."

"Não nos afaste. Deixe que os sábios o ajudem ", suplicou a jovem mulher, estendendo a mão para o amado.

O filho do ferreiro balançou a cabeça negativamente de modo lento e firme. Em seguida, cambaleando através da multidão, ele deixou o castelo, enxugando a parte de trás da manga no rosto ensanguentado.

Na estrada, já fora da aldeia, ele se dirigiu às Terras do Norte em busca de montanhas mais altas.

Reflexão pessoal

Os trechos da parábola que mais me tocaram...

Quando leio esses trechos, sinto...

Que situações na minha vida considero análogas à parábola?

Grupos, cultos ou associações doentias e radicais cobram caro pela filiação. Não fale ou questione. Não confie em si mesmo ou em qualquer pessoa fora do grupo. Não sinta nada, exceto o que o grupo diz que você deve sentir. Em quais falsos sábios você já confiou? (Este pode ser um grupo espiritual doentio; um culto psicoterapêutico ou um indivíduo controlador que o leva a duvidar de si mesmo).

_____

_____

_____

Como você percebeu a insalubridade desse grupo ou pessoa?

_____

_____

_____

Como a vitimização afetou seu relacionamento com o Poder Superior?

_____

_____

_____

O viajante continuou em busca da verdade após deixar a aldeia. Ele não abandonou sua busca para encontrar o Grande Rei. E você? Continua em sua busca?

_____

_____

_____

As pessoas que fogem de grupos que não tem um padrão saudável de afiliação costumam ter vergonha de admitir que foram enganadas por tanto tempo. No entanto, a pessoa é que foi vítima de manipuladores. Tenha orgulho de si mesmo por perceber a verdade e ter sabido quando partir. Existem grupos de sobreviventes e vítimas de seitas e cultos, em alguns casos com serviços e reuniões online.

DANÇA NO ESCURO

A princesinha lutou contra as lágrimas enquanto corria dos primos que a perseguiam. Adiante, no pátio, ela viu o pai e o tio examinando a perna de um cavalo ferido em combate. Buscando refúgio entre os dois homens, a princesa apontou aterrorizada para os meninos que se aproximavam. "Eles têm uma cobra!"

"Cuidado! Você será pisoteada!" Seu pai a puxou bruscamente para longe do cavalo assustado.

"Vocês, meninos," seu tio gritou enquanto erguia a princesa protetoramente em seus braços. "Parem!" Um dos primos balançou a cobra na direção da princesa para ver ela gritar uma vez mais, então os arteiros fugiram rindo.

"Por que eles me odeiam tanto?" soluçou a princesa.

"Não odeiam, eles gostam de você." Seu tio sorriu. "Você é a princesa mais bonita do castelo. É por isso que eles gostam de provocar você."

"Então eu prefiro ser feia para que eles me deixem em paz."

"Você não vai pensar assim quando for mais velha", assegurou seu tio, com humor.

"Leve o cavalo", o rei entregou as rédeas ao assistente que aguardava. "Vamos ter que o sacrificar. Degole o animal!"

A atenção do tio voltou-se mais uma vez para o cavalo doente. "É uma pena que ele não esteja melhorando", disse.

"Era um bom corcel, mas nada demais", murmurou o rei bruscamente enquanto se afastava. A princesa observou tristemente o cavalo malhado ser conduzido e não podia deixar de pensar que seu pai era um homem muito cruel. "Por que papai não manda o serviçal levar o cavalo para o Grande Rei? Minha babá diz que o Grande Rei ama todas as criaturas e que há cura em seus domínios."

"Ela disse isso?", perguntou o tio. "Bem, o reino do Grande Rei é muito longe daqui. Se o cavalo aleijado fosse meu, provavelmente o manteria como reprodutor. Suas crias seriam potros de boa estirpe, que você poderia montar". O tio fez cócegas em seu braço.

Enquanto o pai da princesa seguia irritado por estar sobrecarregado com muitas coisas, seu tio sempre tinha tempo para ela. Ele a levou para cavalgar, carregou-a sobre os ombros pelo castelo, cantarolou canções e contou-lhe histórias. Ninguém, exceto sua babá, mimava mais a princesa do que o tio. Ela o considerava a pessoa mais maravilhosa do mundo, pois tudo era sempre divertido quando o tio estava por perto.

Ele era o irmão mais novo de sua mãe e poderia escolher qualquer uma entre as donzelas do reino para se casar, mas ainda não havia se decidido. "Há muitas flores lindas", ela o ouviu dizer uma vez. "Por que eu deveria escolher apenas uma quando aprecio todas?"

Às vezes, tarde da noite, quando todos no castelo dormiam, o tio ia aos seus aposentos da princesinha e a despertava para brincar de esconde-esconde nos salões do castelo iluminados pela lua. Era divertido ter de rastejar, abafando o riso para não acordar a babá que roncava alto no quarto ao lado.

Certa noite, durante o jogo, a princesa procurava pelo tio atrás de um enorme baú esculpido e disposto no canto do recinto. Ela se assustou quando a pesada tampa se abriu de repente, e o tio emergiu rindo.

"Como você entrou aí?" ela sussurrou espantada, pois o baú sempre estivera trancado.

"Nada está bloqueado para mim", seu tio sorriu. "Vejam que tesouros estão aqui. Ouro e prata e joias finas dadas a você no seu nascimento por conhecidos. Algum dia, isso fará parte do seu dote. Mas este, este é o maior tesouro de todos! ", ele tirou de um saco de veludo um vestido longo e delicado que deixou a princesa sem fôlego. O vestido brilhava ao luar. "Vista," convidou seu tio. "É mágico, criado para você pelas fadas no dia do seu nascimento."

"Mas é grande demais para um bebê", disse a princesa intrigada enquanto o tio colocava o vestido começando pela sua cabeça.

"Não é para uma criança. É o vestido que foi fiado para a sua noite de noivado - explicou o tio.

"Então eu não devo usá-lo agora. Minha mãe me disse que é especial para quando eu me casar".

"Minha irmã não quer que você o use porque ela conhece o poder de sua magia para tornar aquela que o vestir ainda mais bonita, e ela já tem ciúmes de você do jeito que é."

"Mamãe está com ciúmes de mim?" perguntou a menininha enquanto recolhia as mangas muito longas em seus braços.

"Claro, minha princesa. Há muito tempo ela é a mulher mais bonita do país. Suas irmãs mais velhas, bem, infelizmente, elas favorecem o lado de seu pai. Mas você, minha princesa, todos podem ver que você vai superar sua mãe. Agora venha, vamos dançar! " Ele a ergueu sobre o quadril enquanto girava ao redor da sala, e o vestido translúcido fluiu em um brilho que seguia mudando de cor, em tons suaves e mágicos.

Enquanto dançavam, o tio tocava a princesinha de uma maneira que só os maridos deveriam tocar nas esposas, mas a menina não sabia desses detalhes de adultos. Ela achou difícil respirar enquanto ele a segurava mais e mais forte, girando desvairado ao redor da sala. "Pare," ela sussurrou, forçando os bracinhos contra o peito do tio. Mas, ele parecia não ouvir e continuou a dança febril. "Pare!", a princesa gritou o mais alto que ousava, com medo de acordar a babá.

Seu tio parou de repente, recuperando o fôlego. "Que magia você tem neste vestido, minha princesa! Nenhum homem no reino será capaz de resistir aos seus encantos! Você terá tudo o que deseja ao estalar dos dedos! Mas ninguém deve saber que você já usou o vestido, ou eles ficarão bravos com você. "

Depois daquela ocasião, quando o tio ia ao quarto dela à noite, ele não brincava de esconde-esconde até que ela colocasse o vestido pela primeira vez. Embora a dança a deixasse tonta e enjoada, ela resistia para, enfim, depois se divertir com sua brincadeira favorita, esconde-esconde. Era afinal, a mesma coisa com a babá, que a fazia comer ervilhas e lentilhas antes de permitir que ela comesse o pão de mel.

Mesmo quando a princesa ficou mais velha e os jogos de infância não mais a interessavam, seu tio continuou a vir aos seus aposentos enquanto todos dormiam. Às vezes, na esperança de que ele fosse embora, ela agia como se dormisse muito profundamente, mas ele então a envolvia com o vestido, mesmo dormindo, e a arrastava pelo quarto. Outras noites, ela tentava dissuadi-lo: "Vamos brincar de esconde-esconde como costumávamos fazer. Eu não quero dançar esta noite. "

"Esconde-esconde é um jogo infantil", seu tio disse. "Em breve você será mulher e deve saber dançar. Nada me traz mais prazer do que essas noites com você, pois sua magia me arrasta para cá e é mais forte do que posso resistir. "

"Eu não quero dançar", a princesa repetia invariavelmente, mas a decepção no rosto do tio era tão grande que ela cedia aos desejos dele. Depois de cada encontro, o vestido fino era amarrotado de volta na bolsa de veludo e escondido novamente na escuridão do enorme baú.

Periodicamente, a rainha exigia que suas filhas comparecessem à prova de vestidos. No grande salão, a costureira sacudia orgulhosamente um pedaço de tecido para exibir, anunciando: "E este púrpura é o mais bonito do reino!"

"Sim," concordou a rainha, e as duas princesas mais velhas cobiçavam o tecido cor de púrpura.

"Mãe, isso ficará muito melhor em mim do que nela, certo?!", disse uma das princesas ao colocar o tecido sobre os ombros com gestos solenes.

"Eu acho que não!" protestou a outra irmã, que o puxou para si.

"Chega disso", reclamou a rainha. "É assim que princesas devem se comportar? Não me envergonhem. Não! Este púrpura será para o vestido da sua irmãzinha. "

A princesinha balançou a cabeça negativamente enquanto as duas irmãs mais velhas voltavam os olhos com inveja para ela. "Por favor, mamãe, eu prefiro o brocado cinza".

"Estou cansado de todas as cores sem graça que você usa, criança", disse a rainha. "Você está se tornando uma mulher. É hora de cor e alegria."

"Não quero um vestido púrpura", protestou a princesa. Mas a mãe, já ocupada, escolhia o material para seu novo vestido, a ignorando.

"Eu não vou usar!" a jovem deixou escapar lágrimas de raiva. E fugiu sem esperar pela reprimenda de sua mãe.

Ela correu para seu aposento e, às lágrimas, encontrou a babá limpando.

"Minha criança, por que o choro?", a velha pôs de lado o espanador e tomou a princesa nos braços.

"Mamãe vai me fazer usar um vestido púrpura." A criança soluçava enterrando o rosto no avental da babá que rescendia a conforto e segurança.

"Diga-me por que você não gosta do vestido púrpura. Talvez eu possa interceder por você junto à rainha", disse a babá numa voz exagerada, pois na velhice ela estava perdendo a audição.

"É muito claro! É horrível. Todos os homens me notariam e não me deixariam em paz", explicou a princesa.

"Como os homens a incomodariam?" perguntou a babá com preocupação.

"Eles querem te tocar e dançar com você. Você sabe como são os homens." De repente, a princesa temeu que ela tivesse falado demais. Ela se afastou sem olhar nos olhos da babá. "Eu devo ir agora, mas você vai falar com minha mãe por mim?" Ela olhou de volta para a babá assentindo antes de sair.

Naquela noite, seu tio perguntou: "Vamos dançar algo mais rápido ou lentinho hoje?" Ela odiava a pergunta. O ritmo mais rápido causava náuseas, mas pelo menos encerrava mais rápido.

"Rápido!," ela respondeu.

"Esse também é o meu favorito", seu tio sorriu. "Você e eu somos muito parecidos, minha princesa."

De repente, durante a dança, a luz da tocha encheu a sala, e a princesa gritou quando os guardas do palácio agarraram o tio.

"Está tudo bem", gritou a babá tomando a princesa contra o peito. "Se eu tivesse percebido antes, minha pobre menina. Estava à espreita, porque queria poder protegê-la. Vai ficar tudo bem agora ".

A princesinha, porem, estava em pânico ao ver o tio levado pelos guardas. A menina podia ver o medo no rosto do tio, que disfarçava o temor protestando ferozmente contra os guardas. Ela sabia o que aconteceria a ele quando seu pai soubesse de tudo.

"Você está segura agora", a babá tentou confortá-la.

A princesa lutava para se livrar dos braços da babá. "Me deixe ir! Tenho que falar com meu pai antes que seja tarde demais! "

No momento em que ela alcançou o corredor fora dos aposentos de seu pai, o rei já havia sido informado. Do lado de fora da sala, ela ouviu a voz enfurecida de seu pai e as súplicas de sua mãe, implorando pela vida do irmão.

A princesa entrou desesperadamente na sala. "Papai, a culpa foi minha. Se eu não tivesse colocado o vestido, ele não teria dançado comigo. Por favor, não o machuque. Eu sou a culpada", a princesa implorava às lágrimas.

"Isso! Ouça sua filha, se não quiser me ouvir ", desafiou a rainha.

O rei parou de andar zangado para olhar as duas com desprezo. "Muito bem, então. Ele deve ser banido em vez de decapitado. Se ele colocar os pés neste reino novamente, sua vida será tomada. Agora me deixem! Vocês duas! Jamais trataremos desse assunto novamente! Vocês me ouviram?!"

Elas se curvaram obedientemente e saíram da câmara para o corredor.

"Como você pôde deixar isso acontecer?", ao dizer isso, os olhos da rainha pareciam adagas perfurando a filha. "Vá para o seu quarto e tire essa coisa imunda! Você não tem decência?", disparou a rainha, antes de se virar e se trancar em seus aposentos. Sozinha no corredor iluminado por tochas, a princesa olhava para seu vestido com um nó na garganta.

O tecido delicado estava realmente sujo e rasgado pelas muitas noites de dança. Seu brilho agora era sombrio e débil. A bainha puída do vestido, ainda muito longa para uma jovem, arrastou-se nas bordas irregulares do chão de pedra enquanto a princesa retornava, aos prantos, para seus aposentos.

Lá, ela encontrou a babá embalando, às lágrimas, roupas em um saco de viagem. "Eu tenho que ir pela manhã, minha senhora", disse ao abraçar a princesinha com força. "Seus pais me dispensaram por deixar uma coisa dessas acontecer enquanto eu dormia. Uma babá com menos problemas de audição teria protegido você muito melhor. Além disso, você está quase na idade para ser atendida por serviçais e não precisa mais de uma velha babá.

"Não me deixe", implorou a princesa agarrada ao colo suave e familiar da babá.

"Vou morar com meu filho nas Terras do Norte. Quando você for mais velha, poderá ir me visitar. Não vai ser divertido? ", a babá disse com alegria forçada em meio às próprias lágrimas. "Mas venha agora, deixe-me ajudá-la a se preparar para dormir antes de eu sair." Tirando o vestido, elas o dobraram silenciosamente, devolveram para bolsa de veludo e a colocaram de volta no baú.

"Algum dia", disse a babá, "você precisará ir até a sábia senhora das fadas com o vestido. Ela saberá o que deve ser feito para restaurar sua magia."

"Nunca mais quero usá-lo enquanto viver", disse a princesa balançando a cabeça negativamente. "Eu não quero saber dessa magia!"

"Algum dia você vai se sentir diferente", prometeu a babá.

Reflexão pessoal

Os trechos da parábola que mais me tocaram...

_____
_____
_____
_____
_____

Quando leio esses trechos, sinto...

_____
_____
_____
_____
_____

Que situações na minha vida considero análogas à parábola?

_____
_____
_____
_____

A princesa da história foi violada. Muitos de nós sofremos abusos físicos, sexuais ou emocionais quando crianças. Talvez pessoas tenha roubado tesouros de sua infância. Dentro do baú, escreva quantos anos você tinha quando foi abusado. (Exemplo: Tinha quatro anos quando fui molestado(a) pelo meu irmão. Tinha entre 6 a 8 anos quando fui espancado(a) pelo meu padrasto).

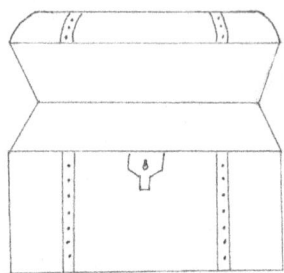

Você era apenas uma criança. Você não fez nada para merecer o abuso.

Quais foram as falsas crenças sobre você e o mundo em que passou a acreditar por causa do abuso?

_____

_____

_____

Você ainda tem essas crenças? Como o abuso terminou? Dê a si mesmo(a) crédito por ser forte o suficiente para sobreviver. Você fez o melhor que pôde sozinho(a) quando criança, em meio a emoções confusas. Grupos de apoio, terapeutas e livros podem ajudar vítimas e sobreviventes a retomar o próprio poder e a se recuperar do trauma do abuso infantil. O livro de exercícios de recuperação de experiências adversas na infância 2021, de Glenn R. Schiraldi, traz recursos práticos para o processo de cura.

EMDR é um tipo de terapia especialmente eficaz para lidar com traumas. Encontre um terapeuta perto de você em *https://www.emdria.org/find-a-therapist/*

NO BOSQUE SELVAGEM....
A ESPERANÇA

Quando a princesinha se tornou mulher, seu pai arranjou um casamento com o filho de um rei vizinho para selar a aliança entre os reinos. Embora a princesa tivesse cultivado a ideia de amar o príncipe, um homem belo e de bom coração, ela temia a proximidade da noite de núpcias.

Na noite em que casaram, após as festividades, quando os recém-casados se retiraram para a intimidade, a princesa disse em uma voz trêmula: "Meu marido, conceda-me um único pedido."

"Qualquer coisa," respondeu o príncipe.

"Apague as velas e feche as janelas para que a luz da lua não ilumine o quarto", ela assim solicitou e ele a atendeu todas as noites. Somente depois que a escuridão os envolvesse, a princesa colocava seu vestido de núpcias para que o marido não visse sua vergonhosa condição.

Embora o príncipe sempre a tratasse com bondade, ela ainda temia que ele a tocasse, mesmo depois de muitos meses de casamento.

Uma noite, enquanto ele dormia, ela se vestiu com as roupas comuns de um simples copeiro e se esgueirou para o estábulo. Nos alforjes de seu cavalo, ela guardava comida, moedas e o vestido de núpcias esfarrapado para que seu segredo vergonhoso não fosse descoberto após a partida. Na calada da noite, ela saiu sem ser vista por um portão dos fundos. Pretendia cavalgar para as Terras do Norte, encontrar sua babá e viver como uma plebeia.

O mais provável é que seu paradeiro não fosse descoberto até pela manhã, quando o príncipe e os grupos de busca vasculhariam as estradas. Ao longo do caminho, ela passou por um funileiro que dormia profundamente ao lado de sua carroça e trocou seu cavalo nobre pela montaria mais rústica daquele senhor. Seu disfarce agora estava completo. À luz do dia, os cavaleiros do castelo cruzaram ela com ela, mas não a reconheceram trajada como um mero rapaz montado em um humilde cavalo. Ao cruzar anonimamente aldeia após aldeia, a princesa ouvia as pessoas falando sobre o que poderia ter acontecido com ela. Os trolls a haviam levado para longe? Ou talvez um dragão a arrebatou de seus aposentos?

A princesa dormia à noite em estábulos e pagava a comida

com moedas comuns. Depois de muitos dias de viagem, ela entrou alegremente nas Terras do Norte e encontrou a casa do filho da babá e sua família. Mas, infelizmente, a mãe do rapaz havia partido recentemente para a terra do Grande Rei. A princesa aceitou a oferta de comida e descanso do filho de sua antiga babá, enquanto mantinha seu disfarce de um simples menino serviçal.

No dia seguinte, a princesa partiu mais uma vez, determinada a se reunir com a babá, mesmo que isso significasse uma longa estada na terra do Grande Rei, que só podia ser alcançada após a travessia de uma densa floresta. Disseram-lhe que não havia mais aldeias na grande extensão de montanhas e bosques que seguia por aquele caminho. Ao perceber que a trilha à frente era rochosa e íngreme, ela entregou o velho cavalo a um pobre fazendeiro, que ficou muito grato.

Poucos dias depois, ela parou, durante a tarde, nas margens ao redor de um grande lago para abastecer de água a vasilha de pele de cabra que trazia consigo. A margem era coberta por árvores enormes, e as raízes retorcidas emaranhavam-se em direção à terra, tornando difícil o acesso da princesa até a água. O cheiro de madeira podre e folhas caídas engrossava o ar, mas ela estava com muita sede. Quando se abaixou finalmente para encher o odre de água, um rosto apareceu no lago turvo, e ela recuou, horrorizada. Era seu tio acenando para ela.

"Venha ficar comigo", disse ele. "Domino uma magia mais poderosa agora do que aquela de anos atrás, quando você era criança. Dessa forma, posso falar com você através do reflexo da água, como se fosse a bola de cristal de uma vidente. Venha ficar comigo. Pois você sabe que ninguém jamais a amará como eu. Você não tem nada a esconder ou se envergonhar."

"Não," disse a princesa como se estivesse emaranhada em um pesadelo.

"Eu governo muitos reinos agora." A mão do tio deixou a água e alcançou o braço da jovem. Ela percebeu, porém, que os dedos que a tocavam estavam secos. "Venha," ele pediu, puxando-a em direção ao lago escuro. Quando a princesa conseguiu se desvencilhar da mão que saía da água, a imagem do tio, de repente, submergiu nas profundezas. No exato instante seguinte, a princesa caiu para trás ao ver um dragão mergulhar de rasante no lago. O longo pescoço serpenteava para dentro e para fora da água procurando vigorosamente por sua presa, mas então emergiu para olhá-la.

"Eu me deleito em imaginar o dia em que cerrarei minhas mandíbulas em torno da cabeça desprezível de seu tio," rugiu o dragão, pousando uma de suas grandes patas para bloquear a rota de passagem da jovem princesa. "Você não tem nada a temer de mim. Nem todos os dragões são maus. Eu sirvo ao Grande Rei."

"Então você vai me deixar ir?" perguntou a princesa ainda tremendo.

"Não. Meu dever é proteger os viajantes que peregrinam nestas florestas pois existem muitos perigos aqui, como o poço do feiticeiro. Você não pode passar a noite neste bosque. Vou levá-la até a senhora das fadas. O palácio dela é um lugar seguro, para além das terras selvagens. De lá, ela poderá conduzi-la ao reino do Grande Rei."

Com isso, ele a agarrou, com cautela, pelo casaco com os dentes e a jogou sobre suas costas. Sentada com segurança entre os sulcos espinhosos do dorso da fera, ela assistia assombrada enquanto as asas enormes os conduziam ao alto por meio de longos movimentos. Voaram alto sobre a floresta, até um ponto onde a paisagem mudou. O tamanho das árvores tornara-se maior e maior até que o dragão parecesse uma miniatura. Ele pousou sobre os galhos de um carvalho tão grande que havia um palácio empoleirado entre os seus ramos.

"Bem-vinda", cumprimentou uma moça cortês à entrada do palácio. Asas longas e translúcidas pulsavam suavemente atrás dela.

"Não posso permanecer, sábia dama," desculpou-se o dragão. "Mas, hei de trazer outro visitante ainda hoje, em breve." O dragão abocanhou com cuidado a princesa e a colocou de frente ao palácio. E então a criatura verde metálica se lançou novamente ao ar e partiu.

"Bem-vinda, princesa", disse a fada que não era nem jovem nem velha, nem bonita nem feia, mas quando sorriu, a garota sentiu uma enorme paz. Eles tinham quase a mesma altura, o que causou certo espanto à princesa.

"Eu pensei que as fadas eram todas pequeninas", ela exclamou.

"Nós somos, minha querida. Você não caberia no meu palácio. O dragão e você é que foram transformados até o nosso tamanho. Mas não se preocupe. Você vai voltar à sua estatura normal quando sair daqui". A fada a conduziu para o o interior do palácio, e a princesa, inesperadamente teve de conter o próprio peso contra uma parede porque teve a sensação que o chão se movia suavemente sob seus pés.

"Eu devo estar tonta do voo," ela disse.

"É o vento. Não se esqueça que o palácio balança nos galhos do carvalho. A maioria dos visitantes se acostuma e repete que jamais dormiram tão bem quando como foram embalados pela brisa."

Elas entraram assim em um corredor onde uma mesa repleta de pratos e bebidas deliciosas as esperava, sem ninguém mais à vista. "Refresque-se e aproveite", convidou a fada.

"Onde estão seus servos? Certamente você não mora aqui sozinha," a princesa perguntou curiosamente.

"As fadas não precisam de criados. O que desejamos aparece. E frequentemente tenho convidados que me fazem companhia."

"Eu presenciei muitas coisas incríveis hoje", disse a princesa antes de beber com avidez da caneca à sua frente.

"Assim é com qualquer um em jornada para encontrar o Grande Rei."

"Eu não pretendo encontrá-lo. Na verdade, procuro pela minha babá de infância, que está em alguma localidade entre os domínios do Grande Rei. Eu não poderia me importar menos se visse o Grande Rei, já que provavelmente, ele não é diferente de qualquer outro homem." A princesa colocou uma azeitona na boca e ficou agradavelmente surpresa ao descobrir que não tinha caroço.

"Mas ele não é realmente um homem", disse a fadinha calorosamente.

"Elfo ou qualquer coisa seja. Machos são machos, e não vejo proveito em nenhum deles."

"Não, não", explicou a dama de asas. "Ele não é humano nem elfo. Nem homem nem mulher. No entanto, ele é tudo isso."

"Como pode ser?"

"Ele é o Grande Rei, e não há outro como ele", respondeu a fada.

"Mas ele não tem muitos filhos e filhas?"

"Todos adotados. Quem pede é adotado por ele. Todos em seu reino são príncipes ou princesas."

"Que estranho", exclamou a princesa, intrigada. Mas ela estava mais interessada na comida do que na conversa. E havia comido muito pouco durante sua jornada.

A sábia senhora sorriu com um ar distante. "Não há lugar onde eu preferisse estar do que na corte do Grande Rei.

"Então por que você mora aqui?", perguntou a princesa, abocanhando um pãozinho quente.

"Muitos peregrinos vêm a essa área selvagem. Alguém deve viver aqui para apontar o caminho. Além disso, uma vez que você tenha vivido em seu reino, ele nunca estará muito longe. Estou sempre lá."

Com isso, a fada deslizou sem pressa pelo ar para pairar em uma das grandes janelas do corredor. "Nosso próximo convidado chegou," ela anunciou, convidando a princesa para a janela.

Lá fora, nos galhos estendidos, a princesa viu o marido subindo resolutamente de galho em galho.

"Não deixe ele entrar!" gritou a princesa.

"Não o rejeitarei", respondeu a sábia senhora. "A jornada dele também foi árdua. Ele saltou das costas do dragão e caiu bem longe na árvore. E quanto mais alto ele sobe em direção à árvore, menor ele se torna. O pobre homem está exausto."

"Então, eu imploro, não diga a ele que eu estou aqui. É dele que eu fujo".

NO BOSQUE SELVAGEM.... A ESPERANÇA

"Eu acho que não," disse a sábia senhora enigmaticamente enquanto lentamente arqueava seu braço no ar. O príncipe apareceu milagrosamente no corredor, ofegante e perplexo. Então seus olhos pousaram na princesa e ele correu para ela com alegria.

"Minha amada! Você está viva! Por muitas semanas, temi que você estivesse morta. "

A princesa estendeu a mão para impedir seu avanço e com a outra segurou firme na bolsa de viagem presa à sua cintura. Seu único pensamento era afastá-lo de alguma forma. Ela pretendia rejeitá-lo e, assim, livrar-se da perseguição. Puxando o vestido de noivado esfarrapado, ela o ergueu para ele em uma exibição de raiva.

O rosto dele se fechou de modo sombrio e, momentaneamente, ela sentiu uma vitória agridoce. Mas ela não estava preparada para o que viria a seguir.

Ele começou a chorar. Ela nunca tinha visto um homem chorar antes. Enquanto seu peito arfava, lágrimas silenciosas escorriam por seu rosto. "Minha amada, quem quer que tenha feito isso com você, eu juro que será morto. Mas nem pense, por um segundo, que eu poderia considerar impura para mim. Não há nada que possa me impedir de amá-la. "

"Não me toque!" Ela avisou, dando um passo para trás quando ele veio em sua direção mais uma vez. Ela estava confusa com as emoções explodindo em seu peito e as lágrimas brotando em seus próprios olhos.

"Apenas me diga quem fez isso e eu vou vingar você!", ele afirmou. "Para roubar você de sua cama e violá-la tão horrivelmente, certamente este é um monstro que merece a pior morte. Como sou grato por você ter encontrado refúgio aqui com a sábia senhora. Vou recompensar a fada dez vezes por sua bondade salvadora. "

"Ninguém me sequestrou." A princesa chorava lutando contra as lágrimas. "Eu fugi por conta própria porque esse tem sido o estado de meu vestido de noivado desde que eu era criança, quando meu tio dançava comigo." Ela jogou a roupa odiosa no chão.

O príncipe olhou para o vestido sem acreditar antes de encontrar palavras para falar mais uma vez. "Isso não muda meu amor por você. É o seu tio que eu desprezo, não você. "

"Se você me amava, por que seguiu maculando a vestimenta? O que suportei com você foi igual ao meu tio. Você não é diferente. Eu só peço que você saia daqui e me deixe seguir meu próprio caminho. "

As sobrancelhas do príncipe se juntaram em um pedido de desculpas horrorizado. "Me perdoe. Eu não sabia ... se fui desajeitado ou muito ansioso, por favor, me perdoe. Não sabia que você estava insatisfeita. "

Surpresa com o remorso, a raiva da princesa parecia ceder pouco, mas ela ainda manteve certa distância do marido.

A sábia senhora juntou o vestido do chão e se voltou para a princesa. "Muitos feitiços perversos de seu tio mantém o vestido preso ao encantamento, mas a vestimenta pode ser restaurada. Você gostaria de ter minha ajuda?"

"Por que eu deveria querer que a vestimenta fosse restaurada? A magia que emana do vestido enlouqueceu meu tio e o fez dançar comigo."

"Ah, esse é um dos feitiços para fazer você acreditar que foi o vestido que o seduziu. Mas a magia das fadas que gerou o vestido não funciona assim. O vestido não foi criado para encantar ninguém. Foi a ânsia de poder de seu tio que o levou com as próprias pernas aos seus aposentos, quando você era apenas uma menininha. A magia de um feiticeiro é negra porque foi roubada de outros. Na verdade, depois de ser banido, seu tio, por meios sórdidos, conquistou muitas terras e subjugou inúmeras pobres almas. Ele se banqueteia no poder como um abutre na carne. Foi isso que o trouxe aos seus aposentos."

"Não foi o vestido? O vestido não enlouquece os homens?", repetia a princesa, lutando para acreditar.

Você deve me contar tudo o que aconteceu com o seu tio para que possamos descobrir cada feitiço usado por ele e destruir assim, um por um, os encantamentos que roubaram a verdadeira magia do vestido."

"Costumava ser tão bonito", disse a princesa ao tentar lembrar como as cores mágicas do vestido brilhavam suavemente.

"E pode voltar a ser bonito de novo", a sábia senhora das fadas assegurou.

"Uma vez restaurado, é possível que eu possa gostar de usá-lo?" indagou a princesa em um tom um tanto melancólico, ao que a fada assentiu positivamente.

"Diga-me onde está o seu tio e eu irei matá-lo enquanto você desfaz os terríveis encantamentos provocados pela magia negra!", disse o príncipe.

"Não", o conteve a dama das fadas. "Isso não é para você."

"Eu farei o que for melhor para ela," prometeu o príncipe. Vendo a sinceridade no rosto de seu marido, a princesa sentiu uma ponta de afeto por ele.

"Se você deseja ajudar na cura," disse a fada, "não deve tocá-la até que os feitiços sejam desfeitos e ela peça pelo seu afeto"

"Certamente há algo mais, alguma outra tarefa de força ou coragem com a qual eu possa colaborar na restauração", disse o príncipe.

"O que pedi a você testará muito bem sua força e coragem", disse a a sábia senhora das fadas, que, no instante seguinte, se voltou para a princesa.

NO BOSQUE SELVAGEM.... A ESPERANÇA

"Qual é a sua decisão? Você deseja quebrar os feitiços de seu tio? "
A princesa respirou fundo antes de responder.
"Sim."

Reflexão pessoal

Os trechos da parábola que mais me tocaram...

Quando leio esses trechos, sinto...

Que situações na minha vida considero análogas à parábola?

Compartilhando seu segredo

Envergonhada, a princesa escondeu seu passado do marido e finalmente fugiu disfarçada para as terras selvagens. Podemos nunca ter contado a ninguém, mesmo aos nossos amigos mais próximos, sobre o abuso na infância. No espaço abaixo escreva o nome de alguém em quem você pode confiar para ouvir o seu segredo de infância e compartilhar a dor.

Escondendo quem eu sou

Que tipo de disfarce você usou para se proteger dos abusos sofridos no passado? Talvez você se vista de forma desgrenhada, para que nenhum outro agressor jamais note você. Talvez você evite papéis de liderança porque tem medo de se abrir a críticas como as que recebeu de um pai severo. Desenhe uma máscara, com giz de cera ou lápis de cor, em um pedaço de papel à parte para mostrar como você esconde seu verdadeiro eu. Existe algum nome ou palavra escrita na testa da máscara? Qual a cor do giz de cera/lápis de cor que expressa a emoção da máscara? Talvez haja mais de uma máscara. Não esqueça de recortar as aberturas para os olhos.

Coloque a máscara no rosto e olhe para si mesmo na frente de um espelho. Fale em voz alta consigo mesmo sobre quando você usa o disfarce, como ele o protege e como o restringe. Quando você remover cada máscara, olhe para si mesma e diga em voz alta: "Aqui está o meu verdadeiro eu." Sorria para si mesma. Você pode redigir um diário sobre as emoções que sente ao realizar este exercício.

Fazendo amizade com meu corpo

Sobreviventes de abuso sexual muitas vezes se sentem desconfortáveis com o próprio corpo ou desconectados dele. "A Jornada da Cura Sexual: Um Guia para Sobreviventes de Abuso Sexual" (The Sexual Healing Journey, no título original em inglês), escrito por Wendy Maltz, o orienta a pessoa, de forma sensível e respeitosa, na restauração do prazer de seu próprio corpo.

LÁGRIMAS SOB A LUZ

"Eu não aguento passar sequer um dia a mais falando das minhas memórias sombrias. Certamente existe alguma outra maneira de desfazer todas essas maldições", disse a princesa ao se sentar na mureta da janela iluminada pelo sol, sentindo-se deprimida. O vestido de noivado em seu colo já estava úmido pelas lágrimas que caíram sobre ele durante toda a manhã.

"É a única maneira de desfazer o mal," disse com resignação a sábia senhora das fadas.

"Não podemos jogar o vestido fora e fazer um novo para mim?", insistiu a princesa em tom de desespero.

A fada balançou negativamente a cabeça. "A magia em um vestido de noivado só pode ser acionada no momento do nascimento. Este é o único que você terá."

"Como meu tio pôde fazer uma coisa tão perversa comigo? Eu o amava muito quando criança", soluçou a princesa, não podendo afastar o sentimento de aversão em relação a si própria. "Como pude ser tão tola?"

"Opa! Eis outro encantamento!" exclamou a fada. "Ele a enfeitiçou para que você se culpasse. Devemos quebrar o encanto substituindo a mentira pela verdade."

Com a ponta do dedo, a sábia senhora das fadas traçou o contorno prateado de um círculo que pendia maravilhosamente no ar. "Vamos dividir o círculo de culpa em seções, como se fatiássemos uma torta. Que porção pertence ao seu tio?"

"Um pouco mais da metade", respondeu a princesa ao orientar a fada no desenho do resto. "E o resto pertence a mim."

A fada franziu os lábios. "O que você atribui a si mesma, na verdade, pertence a outros. Seus pais têm alguma responsabilidade.

"Do quê?" perguntou a princesa.

"Seu pai sempre esteve ocupado demais para você, logo não foi difícil para seu tio ocupar o espaço vago."

Os olhos da princesa se encheram novamente de lágrimas. Com o dedo no círculo mágico, ela esboçou uma porção que pertencia ao seu pai.

"Sua mãe, sempre tão crítica e severa. Não me surpreende que os sorrisos do seu tio lhe confortassem", disse a fada em um tom suave. Com gestos moderados, a princesa dividiu também com o dedo uma porção do círculo reservada à mãe.

"Sua babá também," continuou a fada.

"Não, não! Não a minha babá. Apenas ela me amou de verdade! ", a princesa protestou.

"Ela falhou em protegê-la, embora dormisse no quarto ao lado, noite após noite."

"Ela tinha problemas de audição!", a princesa defendeu vigorosamente a babá. "Não foi culpa dela. Tão logo desconfiou de algo, ela chamou os guardas para prendê-lo. "

"Tudo bem. Vamos então designar parte do círculo para a surdez, mas não para ela ", contemporizou a sábia dama das fadas. A princesa concordou. Ao olharem agora o círculo, a fatia de responsabilidade que cabia à princesa era apenas um quarto do que antes.

"Não reflete a verdade ainda," a fada comentou com um bater de asas.

"Mas o que mais poderia ser mudado?" perguntou a princesa.

"Esse montinho aqui também pertence ao seu tio. Nada do que aconteceu é sua culpa", disse a dama das fadas ao apontar para a pequena porção.

"Mas eu fiz o que ele pediu!" argumentou a princesa.

"As crianças fazem o que lhes é mandado. Você era apenas uma criança. Ele era o adulto e jamais deveria ter pedido que você fizesse escolhas sobre seu vestido de noivado. Ele sabia o significado do que estava acontecendo; você não."

"Mas às vezes eu pedia ao meu tio para vir aos meus aposentos à noite porque eu queria brincar de esconde-esconde", a princesa confessou com amarga vergonha.

"Mesmo se você tivesse o convidado para dançar com você, eu não a culparia. Se uma criança pedisse para brincar com carvão aceso e a cozinheira gentilmente pegasse um nas brasas, você culparia a criança ou o cozinheiro pelas queimaduras? "

"A cozinheira, pois, ao contrário da criança, a elanão tinha dúvidas que o carvão iria queimar", disse a princesa de modo reticente. Mas então outra autoacusação surgiu. "Eu fiquei em silêncio. Eu deveria ter contado à minha babá depois que acontecer pela primeira vez, porque eu sabia que ela iria impedir. "

"Sim. Mas você também sabia o que aconteceria com seu tio. Você o protegeu das consequências às suas próprias custas. Mesmo quando ele foi descoberto, você implorou pela vida dele, assumindo a culpa. Tal era o domínio do encantamento sobre você. Você o amava com o amor abnegado de uma criança, e ele usou isso como um escudo contra a descoberta e o castigo. "

"Eu era apenas uma criança. O que aconteceu não foi minha culpa. Não tenho culpa ", desabafou a princesa, surpresa com a convicção das próprias palavras.

"Ao abraçar essa verdade, quebramos outro feitiço", disse a fada ao sorrir. Um leve brilho cintilou momentaneamente no vestido de noivado.

Assim, os dias passaram lentamente no palácio das fadas enquanto a sábia dama e a princesa desvendavam as maldições que pesavam sobre o vestido. A própria senhora das fadas não podia evitar algumas lágrimas ao descobrir e dissipar as mentiras malignas do tio. Lentamente, as manchas e farrapos desapareceram, mas o brilho do vestido ainda não havia retornado totalmente.

"Você deve fazer uma última coisa para restaurar a magia do vestido," explicou fada. "Quando estiver pronta, você deve lavá-lo no lago da floresta onde seu tio apareceu para você."

A princesa balançou a cabeça em protesto. "Ele quase me puxou para o reino submerso."

"É por isso que você deve retornar àquelas águas para enfrentá-lo. Desta vez, você será mais poderosa do que ele. Suas palavras serão mais fortes do que as dele. "

"O que devo dizer a ele?" perguntou a princesa ainda assustada.

"A verdade. Proclame a verdade que você descobriu aqui, e ele não poderá mais te fazer mal. Irei com você e, se desejar, podes ainda convidar seu marido para nos acompanhar. "

"Sim. Acho que gostaria que ele viesse ", disse a princesa, pensando em como havia aprendido a apreciar sua companhia desde que ele aceitou em não a tocar mais.

Quando chegou o dia em que a princesa decidiu que estava pronta para peregrinar ao lago, a sábia dama convocou uma cotovia para que voassem do palácio de fadas. O voo em um dorso com penas macias foi muito mais confortável do que o passeio anterior sobre as escamas ásperas do dragão. A princesa teria apreciado melhor o incrível voo e os momentos em que pareciam pairar sobre o ar, não fosse o temor pelo encontro que se aproximava. No momento em que pousaram, ela e o príncipe se surpreenderam que a altura de ambos já estava restituída à dimensão de um humano normal.

A sábia senhora agora sobrevoava em torno do casal, como um pequeno beija-flor. "Você deve descer sozinha até a beira do lago. O príncipe e eu ficaremos aqui na margem superior. Lembre-se, você é mais poderosa agora do que seu tio.

Tremendo, a princesa desceu a encosta lamacenta e enraizada. Ela olhou para trás em busca de segurança para onde seus companheiros esperavam entre as árvores altas que cercavam o lago. O príncipe olhava para ela preocupado. A pequena fada acenou com encorajamento. Voltando o olhar para procurar as profundezas turvas da água, a princesa estremeceu quando o rosto de seu tio mais uma vez emergiu.

"Eu sabia que você viria para mim.", ele sorriu calorosamente. "Nossas almas estão unidas."

"O que você fez comigo foi errado!", disse a princesa com lágrimas de raiva.

"Errado? É errado amar profunda e plenamente? Não há nada de errado com o amor ", respondeu.

"Não havia nada de errado com o amor de uma criança inocente por você, mas o seu amor de adulto não era puro. Você apenas roubou a magia do vestido de noivado para si próprio. "

Ele sorriu como se ainda tratasse com uma criança. "Contanto que sempre dance comigo, poderá desfrutar da magia. Venha, volte para mim. Ninguém nunca vai te amar como eu amo. "

O som de uma espada desembainhando atraiu a atenção da princesa para o dique onde o marido a aguardava. Ele estava pronto para atacar se ela apenas dissesse uma palavra, mas ela pôde ouvir a fada dissuadir o marido.

"Você não tem mais poder sobre mim. Os feitiços lançados sobre meu vestido foram desfeitos", disse a princesa com firmeza.

A expressão do tio nas águas agora parecia esvaecer em dor. A mão dele emergiu das águas enquanto seu rosto implorava por socorro, mas, aos poucos, ele sumiu na escuridão do lago.

As águas se agitaram num borbulhar explosivo até que se tornassem agora cintilantes e não mais sombrias.

Com lágrimas de alegria e alívio, a princesa retirou o vestido da cobertura que o protegia e entrou nas águas límpidas e refrescantes do lago.

"Eu reclamo este vestido para mim," disse em voz alta ao submergir. Quando retornou à superfície para inspirar o ar fresco, um brilho mágico emanava do vestido de noivado.

O príncipe, esperando na margem, olhava para ela admirado. Ao fitar o marido, ela estendeu a mão para que ele se juntasse a ela nas águas rasas.

Sorrindo, a sábia senhora das fadas voou para longe despercebida, deixando um traço cintilante de sua presença pelo ar ao longo do caminho rumo à terra do Grande Rei.

Reflexão pessoal

Os trechos da parábola que mais me tocaram...

_____
_____
_____
_____
_____

Quando leio esses trechos, sinto...

_____
_____
_____
_____
_____

Que situações na minha vida considero análogas à parábola?

_____
_____
_____
_____
_____

Crianças abusadas tendem a assumir equivocadamente algumas das responsabilidades. Na verdade, a vítima não tem qualquer culpa. Ao lado do exemplo abaixo, preencha o círculo vazio com a atribuição da culpa pelo que você sofreu. Se houver mais de um infrator, desenhe círculos adicionais em uma outra folha de papel. Decida os percentuais de responsabilidade:

1) Do abusador
2) Daqueles que não acreditaram em você quando você tentou pedir ajuda
3) De pessoas que falharam em protegê-lo(a)
4) Daqueles que começaram a corrente abusando de seu agressor quando este era criança
5) Você mesmo - Marque a porcentagem de culpa que você sente e então rasure o percentual atribuído a si mesmo (a) e diga em voz alta: "Não fui responsável". Para ajudá-lo(a) a se livrar da culpa, pense nas crianças que você conhece e que têm a mesma idade que você na época do abuso. Você não os culparia se alguém os prejudicasse como você foi prejudicado.

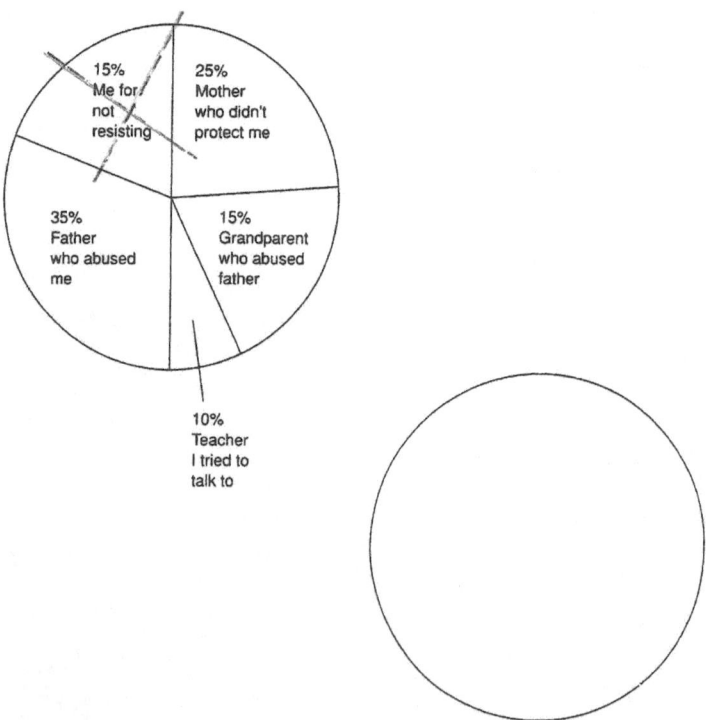

O abuso não ocorreu por nada que você fez ou deixou de fazer. Você era apenas uma criança e fez o que pôde para sobreviver.

MARÉ

A sereia e seus companheiros deslizavam apreensivamente por aquelas águas sombrias e geladas A região costeira não era mais aquecida e iluminada pelo sol. Desde que o feiticeiro se instalou no castelo situado no litoral, nuvens carregadas cobriam o céu continuamente. A visibilidade sob a superfície da água era tão pobre que sereias e tritões não conseguiam ver as redes flutuantes lançadas pelo feiticeiro para prendê-los.

Subindo à superfície para poder se localizar, a sereia Miron avistou as rochas onde sua tríade ficaria de guarda durante a próxima vigília. Os tritões que já estavam de guarda bateram as nadadeiras azul-esverdeadas de suas caudas em saudação ao novo grupo que iria substituí-los. Amrum estendeu a mão forte para ajudar Miron a deslizar sobre as rochas molhadas.

"Eu soei o alarme duas vezes durante a noite," ele a informou ao entregar a ela uma concha gigante. "Os trolls enviados pelo feiticeiro tentaram recolher suas redes. Derrubamos dois dos seus barcos, e os trolls tiveram de nadar de volta para a terra. As serpentes marinhas, nossas aliadas, esmagaram os barcos contra as rochas, para que não fossem usados novamente."

Amrum mergulhou no mar com seus companheiros e acenou em despedida.

"Que seu regresso seja seguro", disse a sereia Miron antes de voltar o olhar para o que acontecia em terra. O amanhecer tingiu o céu nublado de um rosa opaco. Ela podia ver pontos de fogo no acampamento do Grande Rei. O castelo do feiticeiro estava sob cerco das tropas do Grande Rei. No mar, o cerco era feito pelas sereias, tritões e as serpentes marinhas, não permitindo que ninguém trouxesse mantimentos ou reforços aos homens do feiticeiro.

"Tudo indica que a fome será mais poderosa do que a magia do feiticeiro", disse Miron balançando a cabeça. "Por que os agressores se recusam a se render ao Grande Rei? O soberano nada pede, além de que jurem lealdade a ele e parem de atacar as terras vizinhas. "

"Não faz sentido para mim, prima," concordou Nusa, passando os dedos pelos seus longos fios de cabelo que pareciam algas marinhas. Ela se acomodou no lugar nas rochas de vigia.

"O feiticeiro jurou morrer em vez de se ajoelhar diante do Grande Rei", disse Tro sem tirar os olhos da porção d'água sob sua guarda. "Eu ouvi isso ontem de Èşu, que nada perto da costa com frequência para levar nossas notícias ao Rei."

Os três passaram o dia conversando, como bons amigos fazem, sobre seus entes queridos e os segredos das marés. Para ficarem alertas, às vezes cantavam antigas canções do povo do mar. À medida que a maré subia, as ondas encontravam as rochas e as regavam com um jorro de boas-vindas, pois a pele de uma sereia deve estar sempre úmida e dessa forma não precisavam mergulhar periodicamente no mar para se manterem confortáveis. Caranguejos marinhos deslizavam de lado pelas rochas. Gaivotas voavam ruidosamente acima, seguindo um cardume de peixes. Alguns golfinhos pulavam brincando dando saltos fora d'água. Temendo que eles pudessem encontrar uma das redes insidiosas do feiticeiro, Miron observou até os golfinhos nadaram para fora de vista. Ao longo das ameias do castelo do feiticeiro, ela podia ver o movimento de trolls atarracados trocando de guarda. Logo chegaria a hora de ela ser rendida na ronda por outros companheiros.

Ao anoitecer, as luzes brilhavam nas janelas mais baixas do castelo. Miron estremeceu ao pensar no que acontecia sob as grutas debaixo daquela terrível edeificação. Sereias e tritões capturados nas redes do feiticeiro foram levados para lá para serem mortos e servirem de alimento aos trolls.

Ela rezou para que o cerco acabasse logo e assim o mal ameaçador que engolfava as águas finalmente deixasse de existir.

Ondulações circulares no oceano lhe diziam que a próxima vigília se aproximava. Nedra e sua tríade deslizaram facilmente sobre as rochas, que agora estavam meio submersas pela maré alta.

"Que a sua vigília seja tão pacífica quanto a nossa ", disse Miron, entregando a concha gigante. Ao mergulhar então nas águas, ela fechou os pulmões e respirou pelas guelras. Tro e Nusa nadavam ansiosamente à sua frente através das algas ondulantes. Embora a luz do dia estivesse diminuindo, eles estariam todos em segurança em casa antes do anoitecer. No recife de coral, eles pararam para comer apressadamente alguns mariscos e depois atravessaram leitos de algas em direção ao mar profundo.

De repente, sem aviso, Miron sentiu um puxão em sua barbatana caudal. Temendo o pior, ela se moveu com todas as suas forças para avançar. Em vez disso, ela foi puxada para trás e o resto da rede se fechou em torno dela. Ela puxou a treliça de cordas, tentando encontrar a borda para escapar. Tro e Nusa vieram instantaneamente em seu auxílio sabendo que, ao tentar resgatar a companheira, eles próprios corriam riscos de serem capturados. Enquanto Nusa procurava a borda da rede, Tro cortava os fios com toda a sua força. Mas a faca do tritão e seus poderosos músculos pareciam ser inúteis contra a magia das linhas firmes da rede.

"Vou encontrar uma serpente marinha para libertar você", disse Nusa enquanto nadava para longe rapidamente. Apenas os dentes afiados de uma serpente marinha poderiam cortar as redes encantadas do feiticeiro.

"Vá com ela", Miron pediu a Tro. "Se Nusa for enredada em outra rede, ninguém saberá onde encontrá-la. Você sabe onde eu estou."

"Eu não vou deixar você aqui sozinha!", protestou o tritão.

"Você pode ajudar mais indo com Nusa e cuidando para que ela encontre uma serpente marinha em segurança. Agora vá antes que seja tarde demais para alcançá-la. "

Tro acenou com a cabeça em concordância, apesar da angústia em sua face. Enquanto ele desaparecia na água escura, Miron continuou a lutar.

O corpo da sereia estava tão enredado que seus braços agora estavam atados sobre sua cabeça, e ela não conseguia mais mover a barbatana da cauda. Lutando contra o pânico, Miron percebeu que não poderia nem mesmo alcançar sua faca para se proteger se visse um dos barcos do feiticeiro se aproximar. Ela deveria ter pedido a Tro para colocar a faca em sua mão antes de partir. Então, se os trolls tentassem trazê-la ao barco, pelo menos ela poderia feri-los durante a captura.

"Miron!" a voz de uma amiga a chamou antes que pudesse ver alguém.

"Aqui", Miron gritou, e logo Ain estava ao lado dela.

"Não se mexa mais, minha amiga", implorou Ain enquanto segurava Miron para que ela parasse de se debater.

"Nusa e Tro conseguiram encontrar uma serpente marinha?" Miron perguntou com esperança.

"Eu não sei. Mas eu os encontrei enquanto procuravam, e eles me disseram onde achar você. Ouça, minha amiga, você deve permanecer parada. Embora tudo dentro de você clame para lutar e se desvencilhar da rede, não o faça, porque quanto mais se debater, mais enredada você vai ficar "

"O que devo fazer então?" Miron perguntou com desespero.

"Apenas flutue. Não se debata ou resista. Apenas flutue com a corrente até que a rede se solte ao seu redor. Então você pode nadar livremente. "

"Eu acho que você está confusa, Ain", disse Miron com raiva enquanto ela se debatia ferozmente mais uma vez.

"Não. Escute-me. Eu descobri como o feiticeiro encanta as redes. Quanto mais sua presa luta, mais apertada ela se torna. A fonte de força da rede é você. Fique quieta e não fortaleça o poder da rede. " Ain impediu vigorosamente Mirron se debatesse uma vez mais. "Por favor, amiga, tente o que estou dizendo."

Algo na voz de Ain finalmente a convenceu, e Miron desejou que seu corpo ficasse quieto.

"Bom, muito bem!" a amiga sereia a encorajou. "Agora, relaxe."

Miron permaneceu indefesa, presa à rede enquanto o pânico crescia em sua alma.

"Agora devemos deixar o tempo passar", aconselhou Ain. "Diga a si mesma: Estou presa em uma rede, mas em instantes flutuarei livremente se eu parar de me contorcer toda."

Sem se mover, Miron gradualmente afundou no mar e, embora ainda completamente emaranhada, ela pôde sentir um leve afrouxamento nas linhas da rede.

"Não puxe a rede", advertiu a amiga. " Simplesmente deixe-a flutuar. Não faça nada. Deixe as correntes do oceano afrouxá-la. "

Miron percebeu quando uma abertura se formou na rede. "Permaneça relaxada, Ain advertiu Miron quando ela moveu a cauda. "Uma batida de cauda e a rede se fechará em volta de você novamente."

Então ela esperou. Os minutos pareceram insuportavelmente longos, mas finalmente a rede se desvencilhou de seu corpo

A uma distância segura da rede, Miron então abraçou Ain com alegria e em gratidão profunda.

Reflexão pessoal

Os trechos da parábola que mais me tocaram...

_____
_____
_____
_____
_____

Quando leio esses trechos, sinto...

_____
_____
_____
_____
_____
_____

Que situações na minha vida considero análogas à parábola?

_____
_____
_____
_____
_____

A ansiedade extremamente intensa provocada pelos ataques de pânico pode ser bastante assustadora. "Esperança e Socorro aos seus Nervos: Acabe Agora com a Ansiedade" (Hope and Help for Your Nerves: End Anxiety Now, no original em inglês), da Dra. Claire Weekes, oferece soluções práticas de como lidar com os acessos de pânico. "Nervos" é o termo coloquial que a autora, uma médica australiana, escolheu para se referir ao complexo quadro da ansiedade. Trabalhos como o dela ajudam o leitor a entender a dinâmica do pânico, quando, não raro, o esforço para resistir ou evitar a sensação apenas dá maior força ao quadro. Como a sereia da parábola, "flutuar" com pensamentos positivos em vez de lutar contra a rede pode parecer contra-intuitivo, mas pode ser efetivo contra a ansiedade.

Apaziguadores de mini-estresse

É comum que pareça a você que uma parte do corpo está mais tensa do que outras ao se sentir ansioso(a). Exercícios de relaxamento voltados para o ponto que a tensão é percebida pode reduzir significativamente a ansiedade em todo o corpo e ajudar a se sentir mais calmo. Por exemplo, se você estiver rangendo os dentes ou tencionando a mandíbula, a movimente para soltar os músculos da boca. Em seguida, inspire profundamente, enchendo os pulmões, segurando a respiração por um breve instante e em seguida expire lentamente. Repita a sequência de respiração e observe como você se sente. Respirações lentas e profundas trazem mais oxigênio para o corpo e ajudam a diminuir a ansiedade.

Feche seus olhos. Imagine que você está flutuando em água quente ou imagine que paira como uma nuvem. Deixe seus ombros caírem e seus braços soltos. Seus músculos não precisam sustentá-lo(a). Deixe seu corpo afundar na cadeira. Respire lenta e profundamente. Perceba como você sente os músculos mais relaxados em relação a partes mais tensas do corpo.

Imagine um lugar tranquilo onde você não tenha nada para fazer a não ser curtir a paisagem. Você está sozinho(a) e seguro(a) neste lugar. Seria uma praia, uma floresta, a montanha ou um lago? Qual a temperatura mais confortável para você? Sopra uma brisa? Respire lenta e profundamente e expire também de modo lento enquanto sorri. Você pode tirar miniférias neste lugar tranquilo sempre que quiser.

FESTIVAL DOS ELFOS DA FLORESTA

De mãos dadas, Etor e Alene abriram caminho em meio à multidão alegre em busca da família de Etor. O bosque enluarado transbordava de canções e risos por conta do festival élfico. Vaga-lumes cintilavam no ar temperado com jasmim e madressilva.

Do alto das árvores, uma voz os chamou, e o jovem casal sorriu ao avistar um bom amigo empoleirado nos galhos. "Perdido no amor ou apenas perdido?", brincou Lamal.

"Ambos", respondeu Etor.

"Deixe-me ser da mais humilde ajuda a você. De meu posto aqui no alto como vigia, eu não apenas observo os trolls e todo o mal que rasteja à noite, mas posso ver claramente a localização de sua família, Etor, logo ali." Lamal apontou novamente. "E sua família, bela Alene, está na beira do vale, lá! Mas nem todos chegaram ainda."

"Valente Lamal", disse Alene, "sinto muito que você tenha que ficar aí de guarda. Vamos sentir sua falta na festa."

"Os mais velhos, sem dúvida, estão felizes por mantê-lo ocupado", brincou Etor. "Hoje à noite os anciãos podem estar seguros que ninguém vai aprontar qualquer travessura próximo à aldeia dos humanos", completou Etor.

Lamal sorriu com a provocação. "E você, Etor, é o culpado pelas nossas trilhas de infância e as travessuras. Lembra-se da vez em que entramos na mansão do escudeiro enquanto a família dormia e roubamos o livro-contábil onde ele registrava os impostos devidos pelos pobres aldeões?"

"E a vez em que descosturamos os calçados na oficina do sapateiro e gargalhamos ao imaginar o espanto em seu rosto quando ele aparecesse para trabalhar no dia seguinte?", Etor relembrou. "Nós nos encolhemos como ratos para passar por baixo da porta, e uma das filhas do sapateiro acordou e conseguiu nos ver fugindo."

"Com tantas travessuras de infância, não é de admirar que haja rumores entre os humanos de que somos tão pequenos", disse Alene ao balançar a cabeça como se censurasse o marido e o amigo.

"Pobres criaturas, esses humanos. Você sabia que a visão deles é tão ruim que só podem ver claramente à luz do dia? É por isso que eles dormem a noite toda e passam o dia acordados, ao contrário de nós ", observou Lamal enquanto examinava o perímetro em volta da festa.

"Mesmo?", indagou Etor com interesse. Que existência desoladora deve ser viver sob o calor, suando e sob a forte claridade do dia. Etor como os outros elfos preferia a suavidade da lua e da luz das estrelas junto com o brilho levede tudo que cintilava, tanto vegetal quanto animal, sob a noite.

"Ei," gritou Lamal. "Etor, sua família está começando a dança de abertura. É melhor se apressarem. "

Acenando em despedida, o casal saiu para encontrar os parentes de Etor reunidos em um círculo de mãos dadas. Eles rapidamente se juntaram ao grupo quando a velha matriarca da família anunciou: "Nós celebramos a vida e tudo o que mais queremos bem; o amor dos nossos jovens que se casaram este ano". Ela fez uma pausa e os membros da família sorriram para Etor e Alene. "Ao início de novas vidas." Os olhos se voltaram calorosamente para um bebê elfo dormindo confortavelmente contra o peito de sua mãe e para uma prima sorridente que estava grávida. "E, claro, a memória daqueles que alimentaram nossos corações e partiram antes de nós para o além." A família pensou agora no passado, refletindo sobre aqueles que perderam. "E aos grandes feitos de bravura ocorridos desde o último festival! Que a dança comece! "

Irrompendo em uma canção jubilosa, o círculo se moveu rapidamente, todos os pés se mexiam coordenadamente em uníssono enquanto as folhas se espalhavam. Até o mais jovem entre eles conhecia os passos.

Etor observou Alene jogar a cabeça para trás e sorrir. Cabelos claros da cor de uma lua nova caíam de suas orelhas pontudas de duende. O ritmo da dança guiou seus passos, assim como os outros elfos da roda de dança, Etor reduziu sua estatura até a menor dimensão possível, assim como os demais e ninguém parecia errar o passo. Agora pequeninos, os elfos saltavam sobre as folhas de papel como se estivessem em trampolins, rindo histericamente.

Manter o círculo intacto foi mais um desafio neste ponto, mas ainda assim a família se manteve dançando com extrema coordenação. Em vez de mãos dadas, dançavam agora com os braços entrelaçados na cintura e as cabeças levemente inclinadas tocando uma às outras. Formavam um orbe coeso girando entre folhas e pinhos. No momento determinado da música, eles voltaram a se transformar até a altura padrão. De repente, Alene soltou-se para dançar sozinha. Com os olhos fechados, ela se perdeu em seus giros. A visão de Alene dançando por conta própria prendeu a respiração de Etor, não por causa da beleza dos passos graciosos da esposa (pois era maravilhoso de poder assistir os movimentos solo), mas porque isso não era algo feito em família, de acordo com os parentes de Etor. Ninguém dançava sozinho assim durante as canções em grupo. Ciente dos rostos chocados de sua família, Etor agarrou a noiva pelo braço para puxá-la de volta ao círculo. Os olhos dela se abriram em surpresa quando se deparou com a irritação momentânea estampada no rosto de Etor. Até que ela percebeu a família do marido esperando toda que a dança fosse retomada.

Ela seguiu cuidadosamente a coreografia habitual da família sem qualquer constrangimento adicional. Após o término das últimas canções e histórias, o casal se despediu.

"Sem dúvida, serei o assunto de seus parentes agora por algum tempo. O que eles vão dizer sobre a desajustada com quem Etor se casou? ", disse Alene ao marido demonstrando certa irritação.

- Tia Gree vai fofocar em voz baixa para todos que encontrar, dando entender que tem pena de você. Minha mãe, sem dúvida, vai te defender, dizendo que você tem um bom coração e não pode mudar o jeito que você foi criada. E vou rir toda vez que me lembrar do rubor em seu rosto quando você percebeu que havia interrompido a dança. "

"Na minha família não importa se alguém sai do círculo. As festividades continuariam, "Alene disse ainda irritada.

"Nas danças da sua família praticamente não existe círculo", Etor sorriu, mas imediatamente se arrependeu do que disse ao ver as sobrancelhas de Alene se franzirem em indignação.

"Não celebramos como uma moita de cogumelos", disse ela. "Eu mal posso respirar quando sua família se fecha nas danças mais apertadas."

Eles seguiram em meio à multidão de clãs para se juntar agora à família de Alene, que sempre se reunia no final da noite. Os parentes dela saudaram o casal que se aproximava. Obviamente irritada com o marido, Alene sumiu em meio no grupo, deixando Etor sorrindo sem graça entre os parentes da esposa.

Aos olhos de Etor, parecia uma reunião familiar em total desordem, com canções diferentes e muitos elfos as dançando. Os grupos menores se dispersavam e voltavam a se reunir em várias combinações, e muitos elfos se separavam para dançar sozinhos. Sem o movimento coeso das danças em grupo, Etor tinha de observar com atenção os passos para pode acompanhar as muitas mudanças de direção e ritmo do círculo ao qual ele se juntou. Como não deram as mãos, cada um escolhia como avançar conforme sentiam a música. Mais de uma vez, Etor tropeçou para evitar pisar em um parente em miniatura que saltitava sob os seus pés. No último acidente, ele nervosamente saiu da confusão para ficar de lado e simplesmente observar.

Qualquer jovem ou velho poderia apresentar uma história, dança ou música e, muitas vezes, quem gritasse mais ganhava a palavra. Ninguém parecia encarregado de qualquer ordem formal de eventos, tanto quanto Etor poderia determinar.

"Sentindo-se desajeitado e estranho?" Alene surgiu diante do marido, sorrindo presunçosamente, e então dançou ao redor dele em grandes piruetas. Etor olhou para ela exasperado e se perguntou por que um guerreiro como ele poderia lutar contra trolls poderosos, mas se sentir impotente diante da ira da esposa.

"Bela dama", ele suspirou, "ofereça-me os termos de uma trégua e deixe essa inimizade entre nós acabar."

"Sem trégua." Ela deslizou novamente diante dele. "Mas, vou aceitar a rendição."

Ele ficou aliviado ao perceber um ensaio de sorriso nos lábios dela. Caindo dramaticamente de joelhos, Etor implorou: "Eu sou um vilão indigno do favor de minha senhora."

Sorrindo como se ainda relutasse, Alene parou diante dele. Segurou então em seu braço para pedir-lhe que se levantasse. Ela assim beijou o marido demoradamente nos lábios.

Reflexão pessoal

Os trechos da parábola que mais me tocaram...

Quando leio esses trechos, sinto...

Que situações na minha vida considero análogas à parábola?

Como sua família dança?

Como os membros da sua família interagem uns com os outros ou como grupo? Carinhosamente? Distante? Controladores? Divertidos? Conflituosamente? Com afeto ou rigidez? De modo receptivo? Uma pessoa apenas é o centro da família? Que "regras" não ditas sua família segue?

Como você descreveria a dança em sua família conforme crescia?
_____
_____

Com o que você se sente confortável em sua família e o que gostaria que fosse diferente?
_____
_____

Se você tem um parceiro(a), como você descreveria a dança da família dele(a)?
_____
_____

Que tensões você negociou com seu parceiro por causa dessas diferenças nas danças entre ambas as famílias?
_____
_____

Se você está formando sua própria família, que tipo de dança você espera criar?
_____
_____

A LONGA JORNADA

Os cinco guerreiros elfos viajavam em um ritmo acelerado ao longo da estrada iluminada pela Lua. O chamado foi feito para se juntar ao Grande Rei na batalha contra o feiticeiro e seu exército de trolls. Guerreiros responderam de florestas por toda a Terra dos Elfos e seguiram em direção ao acampamento do Rei.

"O vale seria muito menos árduo do que essas estradas nas montanhas", resmungou Behar.

"Reclame menos e você terá mais fôlego para a jornada", respondeu Lamal. Ele estava cansado da arenga constante de seu primo.

"Admita! Todos vocês gostariam de ter me ouvido!", Behar ergueu a voz como se zombasse de dos demais e para que o resto do bando pudesse também o escutar.

"Quieto!", o repreendeu Lamal. "Você quer alertar todos os trolls na área sobre a nossa presença?"

"Mas há menos trolls nessas montanhas do que no vale. Essa é a razão por termos escolhido esse caminho, não?", respondeu Behar presunçosamente.

"Ele pode ter a compleição de um guerreiro, mas nada mais", comentou Alene para aqueles que seguiam perto dela.

"Behar torna a viagem longa", concordou seu marido Etor. "Nunca vi Lamal tão aborrecido. Ele geralmente é mais jovial do que todos nós."

"Não consigo imaginar por que o clã de Behar o consideraria apto para a batalha", comentou Myla.

"Talvez eles estejam esperando que ele seja morto em batalha," respondeu Alene ironicamente.

Corujas piavam indiferentemente nos galhos das árvores acima dos elfos que seguiam com rapidez. Behar fingia lutar ao longo da estrada com um oponente imaginário e de repente moveu-se com rapidez próximo a Myla.

"Você prefere fatiar trolls pela garganta ou começar pelos intestinos?" ele a interrogou.

"Eu golpeio onde tiver que golpear para me proteger," respondeu Myla. Continuando sua batalha simulada, Behar passou por Alene e ensaiando um passo de dança, aproximou seu pé com a da amiga. Ambos tropeçaram, mas conseguiram se endireitar antes de cair.

"Eu sinto muito. Foi um acidente, eu juro - Behar disse confrontando a feição de indignação da elfa.

"Não ande perto de mim", Alene ameaçou Behar em voz baixa. "Fique longe!", disse ela ao assumir a liderança do bando, sem deixar de olhar para trás periodicamente para verificar o paradeiro do encrenqueiro.

Quando a noite chegou ao fim, os elfos deixaram a trilha em busca de um lugar seguro para descansar durante o dia.

Etor subiu em uma árvore com nós ocos no alto do tronco. Sentado em um galho, ele alcançou a abertura mais próxima e retirou as folhas velhas presas lá dentro. Então Alene entregou-lhe um pedaço de folhagem macia e perfumada que ela adicionou onde seria o leito deles. Ambos encolheram para um tamanho confortável o suficiente para rastejar para dentro de seu abrigo. De uma árvore próxima, eles ouviram as vozes abafadas de Lamal e Behar discutindo.

"Espero que Lamal possa falar um pouco com ele", disse Etor afofando as folhas.

"Duvido que ele vá ouvir." Alene puxou uma larga folha verde sobre eles. "A tolice dele põe em perigo a todos nós. Ele simplesmente não é um bom companheiro de viagem. Devemos deixá-lo para trás no próximo vale de elfos. "

"Se ele promete fazer melhor amanhã, que lugar tem o perdão em tudo isso? Não podemos deixar de ensiná-lo? Talvez tenhamos sido muito impacientes com ele", disse Etor ao curvar sobrancelhas de Etor.

"Se Behar entendesse o problema de seu comportamento e prometesse parar, eu estaria disposto a lhe dar outra chance. Mas, eu vi o sorriso maliciosos em seu rosto quando ele assegurou que tropeçar foi um acidente. Ele se desculpa para nos aquietar, não porque pretende mesmo mudar ou porque se arrependa. A verdade é que não leva a sério a ameaça dos trolls. Devemos deixá-lo para trás na próxima aldeia. "

"Ele vai pensar que somos vingativos." Etor ponderou. "Mas deixá-lo para trás é provavelmente melhor para ele e para nós. Certamente, não está pronto para a batalha. "

"Chega de falar sobre ele", disse Alene com a cabeça apoiada em um braço enquanto a outra mão acariciava o peito de Etor. Ele a a abraçou com alegria, mas ela, de repente se jogou sobre o marido ao desembainhar a espada com destreza e rapidez. Etor rolou para o lado quando uma enorme aranha peluda caiu morta em sua cama. Alene retirou a lâmina do corpo da criatura e suas pernas espinhosas sofreram um último espasmo. A carcaça do aracnídeo cobria a cama de folhas.

"Devia estar aninhada acima de nós," disse Etor ao puxar o bicho pela perna e atirar para fora do buraco em que pretendiam dormir durante o dia.

"Odeio aranhas", disse Alene, olhando para cima para verificar se havia outras delas. Então, voltou sua atenção para Etor mais uma vez.

O grupo dormiu até o crepúsculo. Myla assumiu a liderança ao seguirem viagem. A floresta cresceu densa ao redor deles com galhos enormes pendendo sobre a estrada. De repente, Myla levou a mão na cabeça e examinou o dossel que a protegia, intrigada. Todos então olharam para cima e desembainharam suas espadas. Dragões menores às vezes empoleiravam-se escondidos nas copas das árvores, esperando que uma presa descuidada passasse. Porém, viajantes alertas notavam os pinhos e nozes que caiam das árvores, provavelmente derrubados pela cauda sinuosa de um dragão. Com o canto do olho, Alene, entretanto, viu que se tratava apenas de Behar que jogava pedrinhas em Myla por trás de todos eles.

"Pare com essa tolice!", Alene se voltou para confrontá-lo.

"Alene, sério, você está com ciúmes por eu estar flertando com Myla?" Behar provocou. "Se você ainda não tivesse sido tomada por Etor, eu juro que teria jogado as pedras em você também."

"Como podemos estar alertas com trolls ou dragões com tanta tolice de sua parte?" perguntou Lamal.

"Não devemos nos divertir durante a jornada? Vocês são guerreiros sem humor, isso é certo! " Behar se defendeu.

"Não, você é que não tem senso de humor", disse Lamal apontando o dedo para o primo. "Eu não vou permitir que você coloque nossas vidas em perigo."

"Qualquer troll tão estúpido a ponto de nos atacar seria fácil de derrotar. Eles podem ser fortes, mas seus cérebros são pequenos. "A bravata de Behar de repente desapareceu, e seu rosto empalideceu de medo genuíno. "Você ouviu isso? Na floresta em ambos os lados da estrada? "

O bando de elfos se emparelham, costas com costas e de espadas erguidas. A tensão só foi quebrada pelo próprio Behar que não conseguiu conter mais a gargalhada.

Alene se virou para enfrenta-lo com raiva, e apontou a ponta da espada para o nariz do elfo indisciplinado. "Um guerreiro nunca brinca sobre esses assuntos."

O rosto de Behar ficou sério, "Me desculpe. Achei que seria uma boa risada de descontração para todos. " Suas orelhas pontudas de duende estremeceram de desconforto.

"A ideia de um ataque trolls nunca é engraçada", disse Etor embainhando sua espada.

"Você vai ficar para trás no próximo vale dos elfos ", afirmou Lamal com firmeza.

"Ah, por favor!", protestou Behar. "Eu disse que sentia muito."

"Você lamenta que estejamos com raiva de você, mas você não tem a menor intenção de mudar seu comportamento, não é?" indagou Alene irritada.

"Que tipo de amigos vocês são?" exclamou Behar. "Quem não gosta de brincar um pouco de vez em quando?"

"Temo que você tenha muito a aprender sobre amizade", disse Etor ao balançar a cabeça com tristeza.

"Você ficará para trás no próximo vale dos elfos", Lamal repetiu sem pestanejar.

"Gostaria de ver você me obrigar", gargalhou Behar.

- Sim, você verá", disse Lamal com resolução.

Foram assim recebidos com comida e bebida quando chegaram à vila. Em seguida, o conselho de anciãos chamou todos para se reunirem sob os carvalhos. "Behar", a matriarca chamou o nome. "Soubemos que há uma contenda sobre você."

"Meu primo exagera", reclamou Behar. "Ele e seus amigos têm muito medo de trolls e querem que eu rasteje tão silenciosamente quanto um rato durante nossa jornada. Isso não é maneira de um guerreiro viajar! "

"Diga-me Behar, com quantos trolls você lutou em vida?" perguntou um ancião de barba grisalha.

"Com um número considerável, com certeza", gabou-se Behar.

"Duvido muito disso", disse o ancião. "Se você já tivesse lutado por sua vida contra um troll, seria cauteloso ao encontrar outro."

Os outros anciãos concordaram com a cabeça.

"Você vai ficar aqui conosco por um tempo", disse a matriarca. Ela ergueu um grande talismã pendurado no pescoço.

Os olhos de Behar se arregalaram. "Você não tem o direito de fazer isso!"

"Você tem muito que aprender, Behar", disse a matriarca com compaixão ao agitar o talismã no ar.

O grito de protesto de Behar tornou-se o lamento de um bebê enquanto ele se transformava em um recém nascido deitado na grama macia.

Um dos anciãos de barba grisalha ergueu o bebê Behar em seus braços para embalá-lo e acalmá-lo. "Nós amaremos você, Behar, e cuidaremos para que aprenda o que você de alguma forma não pôde aprender na primeira vez em que crescia."

Reflexão pessoal

Os trechos da parábola que mais me tocaram...

Quando leio esses trechos, sinto...

Que situações na minha vida considero análogas à parábola?

Quem foi o Behar em sua vida? Talvez você tenha dado a essa pessoa muitas chances sem nunca receber um pedido sincero de desculpas ou ver uma mudança efetiva de comportamento. Como você lidou com essa pessoa insegura?

_____

_____

_____

_____

Houve momentos em que você foi um Behar para os outros? Faça uma lista das pessoas que você prejudicou e o que fez para elas. Imagine como eles se sentiram sendo tratados dessa forma. Sentir a dor delas é uma parte importante de sua recuperação na jornada para se tornar mais saudável.

Lista de pessoas prejudicadas   O que você fez   Dor emocional que você causou

_____

_____

_____

_____

Em outra folha de papel, escreva palavras que você pode usar para pedir desculpas. Esta é uma técnica extraída do programa Doze Passos, correspondente à reparação nos Passos 8 e 9. Não se desculpe se isso for causar mais dor à pessoa. Se você deve dinheiro ou precisa repor bens de terceiros, pense em como montar um orçamento para isso.

Se sentir mal pela dor que você causou restaura sua integridade. Não se trata de odiar a si mesmo, mas de conquistar respeito próprio. Não espere perdão da pessoa que você ofendeu. Não espere que a pessoa confie em você novamente. Trata-se de assumir responsabilidades e fortalecer sua recuperação.

BATALHA NO PÂNTANO

Durante o crepúsculo que se aprofundava, Etor observou Alene afiar sua espada com habilidade, trabalhando as imperfeições deixadas na lâmina, resultado do choque com o machado grosso de um troll na batalha da noite anterior. Ao redor deles, no acampamento élfico, seus companheiros guerreiros se prepararam para se juntar à linha de cerco do castelo do feiticeiro. Expulso de suas terras conquistadas em batalha após batalha pelas forças do Grande Rei, o feiticeiro agora estava entrincheirado neste último refúgio diante do mar. Ao largo da costa, tritões, sereias e dragões marinhos leais ao Grande Rei impediram que os navios de abastecimento chegassem ao castelo. Os exércitos de elfos e humanos o mantinham cercado em terra. Dentro do castelo sombrio, o exército de trolls canibalizava aqueles mais fracos entre si, famintos. Mesmo assim, o feiticeiro não se rendia. Tão grande era sua arrogância, ele jurou morrer em vez cair de joelhos perante o Grande Rei.

"O feiticeiro deve esperar cansar os exércitos do rei até que todos desertem", disse Etor ao prender a bainha ao cinto da espada com temor da noite. "Às vezes, Alene, duvido que tenha coração de guerreiro. Eu não encontro glória ou grandeza nas batalhas do cerco."

"Nobres guerreiros não gostam da guerra. Nós fazemos o que devemos", disse Alene ao passar o dedo cautelosamente ao longo da lâmina da espada. Então, satisfeita com seu estado, ela embainhou a lâmina. - Se você saboreasse o sangue da guerra, não o teria escolhido como meu companheiro".

Etor a abraçou, sorrindo. "Então, quem você teria escolhido?"

"Talvez Palinsar."

"Palinsar?", Etor protestou como se estivesse ferido.

Alene o abraçou, mas seus beijos foram interrompidos por pedaços de musgo atingindo-os.

"Vocês não têm vergonha?" brincou Lamal enquanto ele e Myla lançavam mais chumaços de musgo.

Os quatro amigos deixaram o acampamento caminhando em direção aos pântanos onde uma legião de elfos iria render os humanos que mantinham a linha do cerco durante o dia. Soldados humanos abatidos passavam por eles no caminho.

"Se eles apenas deixassem suas mulheres lutarem ao lado deles, talvez tivessem menos baixas", comentou Alene com preocupação.

"Mulheres humanas não são fortes o suficiente para empunhar espadas", explicou Lamal.

"Não acredite", afirmou Alene. "Alguém só as fez pensar que são fracas. Provavelmente mais um dos truques do feiticeiro".

Eles tomaram suas posições, agachados atrás de um baluarte feito de lama e grama do pântano. Os joelhos de Etor afundaram no solo esponjoso e úmido enquanto ele examinava o o terreno alagadiço que se estendia à frente em busca de qualquer sinal de movimento. Como todos os elfos, sua visão noturna permitia que ele visse o brilho suave de plantas e criaturas vivas. Sabendo disso, os trolls rastejavam para fora dos esgotos do castelo envolvendo-se com peles de animais para esconder seus contornos enquanto se esgueiravam pelo pântano com apenas os olhos expostos. Etor procurava assim por qualquer odor de troll se aproximando. Seus ouvidos captavam cada som que quebrava a ladainha taciturna de grilos e sapos, o canto desarticulado dos pássaros noturnos, o bater da maré enchendo o pântano, o respingo de um peixe escapando de uma cobra d'água, ou mesmo o farfalhar de folhas e juncos ao soprar a brisa.

A cadência dos sons da noite mudou abruptamente quando um coro próximo de sapos e grilos pareceu emudecer, permanecendo apenas aqueles ruídos mais distantes. Etor e Alene trocaram olhares tensos, e o senso de perigo cresceu entre os elfos alinhados ao longo baluarte.

Formas escuras de repente se ergueram da escuridão das águas e avançaram por trás dos juncos. Ao longo de toda a linha de cerco, o som de metal encontrando metal retinia violentamente. Rugidos roucos de trolls encheram o ar.

Etor ergueu a espada para bloquear o golpe da lâmina larga de um troll. Embora a força tenha sacudido todo o seu corpo, ele, ao bloquear o ataque, chutou o atacante atarracado no estômago. O troll zombou dos seus esforços e balançou seu machado pesado contra Etor novamente, mas o elfo se esquivou e se encolheu até o tamanho de um rato. O que antes era água até os tornozelos, agora era um lago para Etor nadar entre as pernas gigantescas do maldito troll. O atacante girou para procurar sua presa e pisou aleatoriamente na esperança de esmagar o elfo sob seus pés. A turbulência das ondas na confusão levou Etor para trás do troll, onde ele habilmente se expandiu até a altura total, igual à de seu inimigo, e afundou sua lâmina no flanco do troll. O ferimento não era mortal e a luta continuou até que mais quatro golpes duramente conquistados, que acabaram por derrubar a odiosa criatura.

A batalha se desenrolou com outra onda de trolls substituindo aqueles mortos antes deles. Etor e Alene lutaram de costas um para o outro, para se protegerem mutuamente de ataques, pois a luta agora estava repleta de trolls e elfos de todos os lados. Elfos que caíam sob o golpe dos machados, mesmo ainda vivos, eram dilacerados membro a membro e devorados pelos atacantes. Alguns foram levados para o pântano. Enquanto lutavam, a área ficou repleta de cadáveres de trolls.

Com o canto do olho, Etor viu Alene tropeçar. Ele se afastou de seu próprio agressor para defendê-la, mas ela não estava mais lá e, supondo que ela encolheu para se proteger, ele voltou os esforços novamente contra o adversário. Além do oponente gigantesco, ele viu um troll recuando para o pântano com Alene pendurada frouxamente em seu ombro. Horrorizado, Etor cruzou pelo oponente para ir atrás dela, mas sentiu o braço contido pelo toque do troll que enfrentava. O elfo então voltou o corpo e desferiu com toda a força a lâmina em direção ao agressor. Qual foi a sua surpresa ao ver que o golpe foi contido pela espada erguida de Lamal. Fora Lamal quem agarrou seu braço.

"Solte-me! Alene foi levada!", Etor se desvencilhou, mas foi jogado no chão quando Lamal saltou sobre ele e o prendeu na lama.

"Ela está morta! Você não pode ajudá-la!" O rosto de Lamal se contorceu enquanto ele lutava com o amigo. Acima deles, Myla se moveu para ficar de guarda e afastar os trolls.

Enfurecido, Etor ergueu o joelho para derrubar Lamal. "Ela vai morrer se você me segurar!"

"Ela já está morta! Eu vi o golpe que arrancou sua cabeça! Ela estava morta antes que o troll a carregasse. Sinto muito, Etor. Ela está morta." O desespero nos olhos de Lamal trouxe pânico a Etor.

"Não!"

"Eu te conteria se houvesse alguma chance de ela estar viva? Eu seria o primeiro ao seu lado a ir atrás dela."

Recusando-se a acreditar nas palavras de Lamal, Etor renovou seus esforços para se libertar. Ele iria atrás dela mesmo que tivesse que matar Lamal. Mas dois outros elfos se juntaram para contê-lo. Ignorando os apelos de Etor, eles o enfureceram ainda mais. Apesar da dificuldade, eles o arrastaram de volta para o lugar onde lutaram a maior parte da noite.

Lamal curvou-se entre os corpos dos trolls e disse: "Sinto muito, Etor." Aos pés de Lamal, jazia a cabeça de Alene.

Ver a verdade dilacerou Etor com uma dor tão grande que esmagou seu peito. Um lamento escapou de seus lábios que teria aniquilado toda a vida sobre a Terra se Etor tivesse tal poder. Não havia, afinal, razão para o mundo continuar sem Alene.

◆

Etor estava sentado em sua tenda contemplando o nada. A luz suave do dia entrou e caiu sobre a cama vazia de Alene. Era meio dia. Como os elfos são criaturas noturnas, todo o acampamento dormia silenciosamente.

Lamal e Myla haviam ficado acordados com Etor até que não conseguissem mais manter os olhos abertos e agora dormiam ao lado da tenda. Fragmentos de conversas dos últimos dias se repetiram vagamente na mente de Etor.

"Ela ainda estaria viva se eu fosse um guerreiro melhor," sua própria voz acusou.

"Você sabe que isso não é verdade", desafiou Lamal. "Fomos atacados por eles, perdemos muitos entes queridos."

"Ela não conhecia a dor ou a privação", disse outra amiga - palavras que teriam irritado

Etor se não fossem as lágrimas nos olhos de quem falava. Ela amava Alene como uma irmã.

"Por que ela foi levada em vez de mim?", Etor disse ao ser tomado de culpa e se ressentir de que as pessoas ao seu redor tivessem sobrevivido em vez de Alene.

"Pelo menos, ela não foi comida viva.", um dos guerreiros mais jovens tentou oferecer conforto, mas recebeu olhares de censura dos demais.

"Foi um golpe certeiro que a atingiu. Ela foi rapidamente."

"Todos nós vamos sentir muito a falta dela."

"Eu sinto muito."

"Ela era tão forte e cheia de vida."

"Chiuld, Garn e Baye também se foram." A perda desses amigos aumentava uma dor já avassaladora.

"Lotar e Eglund estão gravemente feridos e não se espera que sobrevivam".

"Havgan perdeu um braço. O olho de Norn foi arrancado. "

Os elfos enterraram seus mortos em um grande monte funerário diante de lembranças de afeto e amor. Em um paradoxo, a cerimônia pareceu a Etor interminavelmente longa e também curta demais. As homenagens não conseguiam capturar nem mesmo uma fração da plenitude das vidas perdidas.

Houve abraços e lágrimas, mas, finalmente, apenas Lamal e Myla permaneceram sentados em silêncio com Etor.

◆

Nos dias seguintes, Etor conheceu a desolação, o desamparo e o poder da raiva. Todos esses sentimentos viviam agora dentro dele como bestas lutando pelo predomínio. Ele evitava as pessoas e continha as palavras porque não queria falar sobre a morte de Alene. Ao mesmo tempo, não havia mais nada a dizer. A ideia de contar a alguém que não sabia sobre a morte dela, fez seu próprio ser murchar. Ele não tinha mais coragem de dizer as palavras em voz alta.

Foi torturado pela raiva de si mesmo e ruminou sobre inúmeras maneiras pelas quais ele poderia tê-la mantido longe do perigo. "Se eu tivesse ...". Nada que os outros diziam o dissuadiu da culpa.

Seus amigos permitiram que ele retornasse à linha de cerco algumas noites depois, apenas porque ele jurou que não entregaria voluntariamente sua vida ao machado de um troll. Ele assegurou-lhes o compromisso de vingar a morte de Alene matando todos os trolls que cruzassem seu caminho. E assim o fez com sede de vingança.

Mas, o ódio mais violento ele sentia era contra o Grande Rei, um ódio indescritível. Etor imaginava os rostos horrorizados dos outros elfos se confessasse seus pensamentos.

"Por que estamos aqui? Não é verdade que o Grande Rei poderia ter destruído o feiticeiro há muito tempo? Por que ele deixa esse cerco se arrastar? Um rei que se importasse com seu povo permitiria tal carnificina?"

Muitas foram as horas que Etor passou na presença do Rei. Agora ele se considerava um tolo por ser tão leal. Etor não lutava mais pelo Rei e sua causa, fosse o que fosse. Lutava apenas porque havia uma espécie de satisfação perversa sempre que ele estripava outro troll. Mas mesmo a satisfação durou pouco. Depois de cada batalha, o vazio e a desolação estendiam suas garras frias ao redor de sua alma, mais uma vez.

Ele lutou contra o vazio fantasiando sobre invadir o castelo e atirar o feiticeiro para a morte das muralhas da ameia na costa rochosa lá embaixo. Mas ele sabia que mesmo no final do cerco, Alene ainda estava perdida para ele.

Apenas o Grande Rei, que conhecia a magia mais antiga e profunda da terra, poderia trazê-la de volta. Muito poucos foram os que voltaram do além. Ainda assim, era a única esperança de Etor.

As tendas do Rei foram armadas entre os acampamentos de humanos e elfos. Etor ficou algum tempo do lado de fora com o ar salgado da noite soprando em seu rosto e observou o movimento das pessoas dentro das tendas iluminadas. O Rei estava ao lado da enorme mesa de guerra, estudando os mapas de batalha. Decidido a obter seu pedido a qualquer custo, Etor entrou e solicitou a um atendente uma audiência privada com o Rei. Ele foi conduzido sem esperar e vendo o rosto do Grande e Valoroso Rei, se preparou para a conversa.

"Etor", o Rei o cumprimentou com tristeza. "A perda de Alene e de tantos outros neste cerco é um preço horrível. Você e eu temos muito o que falar esta noite. "

Etor veio com um único propósito e não pretendia perder tempo. "Você tem o poder de trazê-la de volta," ele desabafou. "Peça o que quiser de mim e eu o farei. Se houver algum serviço que outros tenham resistido, qualquer tarefa da qual os outros se esquivem de medo. . . apenas me prometa Alene, e eu serei seu escravo por toda a vida para obedecer a qualquer comando que você der. "

O rei estremeceu. "Eu nunca tomei escravos. E todos os presentes que eu dou são dados gratuitamente.

"Então eu imploro que a traga de volta do além, pois não é certo que sua vida terminasse antes do tempo."

"Alene teria vivido uma longa vida com você se não fosse pela maldade do feiticeiro. Mas agora que ela se foi, é melhor deixar as coisas como estão. "

"Então me mande para o além também, pois vivo, só encontro desespero." Enfurecido com a insensibilidade da negativa, Etor tirou da parede da tenda a espada real onde estava pendurada, embainhada, e a jogou para o rei. Então, sacando sua própria arma, ele atacou, planejando forçar o soberano a matá-lo em legítima defesa. Mas o Rei deixou cair deliberadamente o sabre real no chão e ficou esperando o ataque de Etor.

Enfurecido, Etor brandiu sua espada com toda a força. De alguma forma, o rei pegou a lâmina na palma da mão e, agarrando-a enquanto o sangue pingava de seu pulso, ele puxou a espada para frente até que Etor caiu contra ele. Ele segurou Etor contra seu peito sem tentar nada, mesmo enquanto o guerreiro se debatia e tentava desferir socos. Finalmente, a raiva de Etor se transformou em lágrimas furiosas. A desolação se apoderou dele. Passou a soluçar convulsivamente nos braços do Grande Rei.

Parecia que ele iria se afogar com as emoções que agora o assolavam. A dor era um mar negro e turbulento de ondas horríveis, de uma agonia esmagadora. Depois do que parecia uma eternidade implacável, ele se viu exausto e jogado como se estivesse em uma praia árida, sentindo nada além de vazio. O rei ainda o segurava. Envergonhado e cansado, Etor se recompôs e se afastou.

"Me perdoe." Ele olhou para o sangue seco na mão do rei. "Eu sou um guerreiro muito indigno."

"Não há desonra no luto. É a mais difícil de todas as viagens, com muitas batalhas ferozes ao longo do caminho. São valentes todos os que embarcam no caminho do luto ".

"Não escolhi esta estrada", disse Etor.

"Ninguém o faz. Mas muitos pensam que evitam a dor a recusando no início do caminho. Na verdade, eles apenas prolongam seu sofrimento. "

"Que razão há para peregrinar? Vou encontrar ao longo do caminho algum bálsamo para curar minha angústia? "

"Nenhum unguento é forte o suficiente para uma ferida tão profunda como a sua," o Rei respondeu com tristeza. "Você encontrará a cura apenas seguindo a dor até o fim. Não há outro caminho."

"Então não há cura. Já que meu amor por Alene nunca terminará, nem minha dor jamais cessará. Não vou encontrar consolo se isso a tirar da minha memória. "

"Tenha certeza, você nunca perderá seu amor por ela ou a memória dela. Mas, com o tempo, muito tempo, os pensamentos em Alene serão mais agradáveis do que dolorosos."

"Tal coisa não parece possível. O ódio é a única coisa que me alivia da dor. Não sinto mais nada.

"O ódio só traz mais morte, não oferece cura. E isso desonra Alene como se você carregasse o corpo dela com você em vez de deixá-la ser enterrada. Lembre-se de sua vida, não de sua morte. Lute nas linhas de batalha por aqueles que você ama, não para matar aqueles que você odeia. Eu prometo a você que o cerco chegará ao fim em breve e o feiticeiro será derrotado. "

Eles conversaram durante a noite até que o amanhecer gradualmente tingiu as nuvens de ouro. À distância, o castelo do feiticeiro erguia-se desoladamente contra o céu enquanto guerreiros elfos e humanos trocavam vigílias na linha de cerco do pântano.

Reflexão pessoal

Os trechos da parábola que mais me tocaram...

Quando leio esses trechos, sinto...

Que situações na minha vida considero análogas à parábola?

BATALHA NO PÂNTANO

O guerreiro elfo não queria mais viver porque sua dor parecia insuportável. Se você está pensando em acabar com sua vida, por favor, não se machuque. Conselheiros treinados estão disponíveis 24 horas para falar com você no Centro de Valorização da Vida – CVV pelo telefone 188. Você pode passar do luto para um lugar de dor emocional menos intensa.

Escrito como livro de exercícios práticos "O Manual do Luto" (The Grief Recovery Handbook, no original em inglês), de autoria John W. James e Russell Friedman, oferece saídas objetivas para quem lida com a perda. O luto não se limita à morte de um ente querido. São as emoções que sentimos em relação a inúmeros tipos de perda: um relacionamento, emprego ou segurança financeira, saúde, o ônus de não ter vivido uma infância feliz ou saudável, a perda do respeito que os outros têm ou tiveram por nós e mesmo um sonho desfeito.

As pessoas que o(a) amam podem não saber ouvir sua dor. Você pode se sentir muito sozinho(a). Encontrar-se com outras pessoas que também estão passando pelo luto é algo que pode nos fazer continuar a despeito da dor intensa. Inúmeros grupos de apoio se reúnem em igrejas ou salões em muitas cidades e países.

Durante o luto, mais do que em qualquer outro momento, lutamos com questões sobre se nosso Poder Superior se preocupa ou existe. Como Etor, podemos atacar a Deus por causa de nossa dor e raiva desesperada. Deus não nos pune por sermos honestos com ele. Ele é forte o suficiente para aguentar nossa raiva. O Grande Rei segurou Etor até que o guerreiro não o golpeasse mais, mas pudesse chorar em seus braços. Neste espaço, deixe seu Poder Superior saber como você se sente.

Eu me senti abandonado por você quando...

Sinto tanta raiva (ou mágoa) de você porque...

Eu gostaria que você...

A MALDIÇÃO

"Meu Rei, por que você não invade o castelo e acaba com isso? O cerco se arrasta por muito tempo." O comandante do exército falou abertamente na privacidade da tenda de campanha do Grande Rei. Apenas ele e o senhor supremo dos guerreiros elfos estavam presentes.

"Desde o início, anunciei meu objetivo de ver a rendição do feiticeiro, não sua morte", disse o Grande Rei.

"Eu não tenho uso para ele", o supremo senhor dos elfos concordou com o comandante humano. "Eu o executaria sem a menor hesitação. E feliz será o dia em que todos os trolls estarão mortos."

O rei franziu os lábios. "Até os trolls podem aprender a viver em paz, meus amigos. Muitos vieram até nós mesmo antes do cerco, gratos por encontrar um refúgio seguro do jugo do feiticeiro. Um dia, o restante se juntará a nós como aliados contra o Dragão."

O comandante suspirou em dúvida exasperada. "Eu não posso imaginar tal coisa e certamente não posso conceber o feiticeiro como um sujeito leal. Ele jurou morrer antes de ter de cair de joelhos diante de vossa alteza!"

"Ele virá, mas não facilmente", disse o Rei com um peso tão incomum em sua voz que o comandante examinou o rosto do soberano com preocupação.

"Lembre-se", disse o Rei olhando profundamente nos olhos do comandante, "não importa o quão sombria as coisas pareçam nos próximos dias, não perca a esperança."

Como já haviam feito em muitas ocasiões, os dois acompanharam o rei a cavalo até a linha de cerco à beira do pântano. Os guerreiros humanos e elfos se reuniram porque o rei se encontraria ainda com o feiticeiro. O mago das trevas aguardava nas ameias do castelo cercado por seus trolls estrategicamente agachados.

Com carisma ardente, o feiticeiro lançou, lá de cima, insultos ao rei. "É hoje que você encerra o cerco e invade o castelo, Grande Rei? É por isso que clamam seus exércitos. Eles lambem os lábios imaginando o gosto da minha morte e pensam que isso lhes daria a vitória. Mas você e eu sabemos a verdade. Minha morte não acabará com nenhuma contenda, não realmente. O poder do meu senhor, o Dragão, enche o ar; todos vocês inspiraram os esporos de sua respiração. Mesmo antes de você deixar sua terra, seu povo e mesmo o exército foram infectados, Grande Rei, com uma doença que nenhum médico pode curar. Se você me matar, outra pessoa se levantará para tomar meu lugar na liderança da rebelião contra você. Talvez seja até um de seus cavaleiros mais confiáveis. Talvez até mesmo seu comandante ou seu lacaio elfo se vire contra você e busque o socorro do Dragão. No final, ninguém será capaz de permanecer leal a você. Não importa o quão firme seja sua intenção, eles sucumbirão".

Incapaz de se conter, o comandante ergueu a espada com raiva na direção do feiticeiro e gritou lá debaixo. "Sua arrogância só é superada por suas mentiras! Você deseja testar a misericórdia do Rei, a que ele estendeu a você apesar de sua indignidade? Ordene o seu exército que deponha as armas e se entregue ao Rei antes que a graça que ele te concedeu acabe!"

A boca do feiticeiro se estirou em um sorriso cínico de lábios finos. "Você é um tolo. Por mais poderoso que seja, você poderia governar dez reinos, mas serve ao rei. Você não teria lidado melhor com toda esta campanha desde o início? Você não teria sido mais meticuloso do que o Grande Rei ao massacrar minhas tropas e nos isolar para que nunca tivéssemos alcançado esta fortaleza? Mesmo agora você se irrita com a mordaça que o Rei colocou em sua boca para impedi-lo de insistir em atacar essas paredes. Por que você o segue quando seus caminhos não fazem mais sentido para você? "

"Por quanto tempo você permitirá que esta maldição continue, meu Senhor?" O comandante voltou-se para o rei. "A língua dele torce a verdade e é como uma corda estendida para nos enforcar. Dê a ordem e deixe-me silenciá-lo para sempre! " Como um pai que sossegasse calmamente uma criança, o Rei ergueu a mão.

"Você pode vencer este cerco, poderoso Rei," o feiticeiro gritou. "Mas você não pode vencer no final. O Dragão vai prevalecer porque servir ao Dragão é servir a nós mesmos. "

Sentado em seu cavalo inquieto, o Rei chamou o feiticeiro, lá de baixo. "Vamos ver que magia é a mais forte, a sua ou a minha. Deixe que nós dois nos encontremos sozinhos, face a face "

O feiticeiro sorriu. "O quão tolo vossa alteza me julga para acreditar que eu cairia em tal estratagema? Não serei atraído para fora dessas paredes. Não importa o que você decretasse ao seus homens e súditos, no momento em que eu pisar fora do castelo, sua horda de homens me ataca. Eles iriam até pisotear você, seu Rei, em sua pressa para me matar. "

"Se você não confia em um encontro fora dessas muralhas", disse o Rei, "então deixe-me ir sozinho até você."

"Meu Senhor, não!" exclamou o comandante acompanhado por um alvoroço das tropas. Mais uma vez, o Rei ergueu a mão pedindo silêncio.

Na parede da ameia, o rosto do feiticeiro estava interrogativo, mas satisfeito. "Se o Grande Rei deseja me visitar, quem sou eu para negar a ele esse privilégio?"

"Senhor, você não pode querer fazer isso!" implorou o comandante do exército.

"Voltarei para você em alguns dias", respondeu o Rei. "Até então, continue o cerco. Não invada o castelo."

"Você não pode entrar!" É um disparate! Não faz sentido! " O senhor dos elfos estava fora de si.

"Aquilo que detém o maior poder nem sempre parece fazer sentido", disse o Rei sombriamente.

O comandante pretendia conter o Rei fisicamente se possível fosse, mas descobriu que era incapaz de se mover enquanto o Grande Rei cavalgava lentamente em direção à ponte levadiça rebaixada do castelo. Ele observou com horror quando o monarca entrou pelos portões. A pesada ponte levadiça fechou ruidosamente e bloqueou a visão Só então o comandante foi libertado de tudo o que o mantinha imóvel.

Agitado e confuso, o exército do Rei aguardava tenso enquanto o crepúsculo anunciava a noite fria e gelada. Ao cair da noite, o Dragão chegou, sobrevoando a linha do cerco para se empoleirar em uma torre do castelo. Um grande estrondo de trolls podia ser ouvido de dentro da fortaleza. Fogueiras no pátio lançavam uma luz laranja bruxuleante na barriga, no queixo e no pescoço sinuoso do Dragão, que observava atentamente o que acontecia abaixo dele. De tanto em tanto, o dragão batia suas asas e rugia com prazer, bufando chamas de suas narinas.

Durante a noite, o comandante e o senhor dos elfos permaneceram angustiados pensando se deveriam esperar conforme as instruções dadas pelo Rei. A segurança do monarca estaria em perigo ou garantida ao invadir o castelo? Ao amanhecer, deram a ordem de ataque.

Depois de tantos meses de cerco, sem poder atacar, o exército do Rei aniquilou rapidamente os trolls que guardavam as ameias externas. Os soldados escalaram as paredes, abriram o portão e baixaram a ponte levadiça para que as tropas que esperavam abaixo pudessem entrar. Foram recebidos por um ataque de trolls. O Dragão se juntou à luta avançando sobre as facções em conflito para incendiar e arrebatar os infelizes. A besta parecia pouco se importar se ele devastava os trolls também. Caçou o suficiente para encher a barriga e depois voltou a sentar-se em silêncio na torre leste, como se estivesse se divertindo com a batalha abaixo.

Estranhamente, o feiticeiro não apareceu para insultar os atacantes ou incitar suas próprias tropas ao frenesi. Nem mesmo o Rei tinha dado qualquer sinal. Algo parecia errado. Embora o comandante não pudesse determinar o que era, sabia em sua alma que algo estava terrivelmente errado.

Os quatro pátios murados separados do castelo tiveram que ser tomados para que a fortaleza caísse. Depois de lutar o dia todo sob a temperatura gélida, o comandante e seus melhores cavaleiros avançaram para continuar lutando contra os trolls no terceiro pátio.

Dentro desse enclave, o horror que encontrou os olhos do comandante foi mais do que poderia suportar. Atordoado, o senhor dos elfos e seus cavaleiros defendiam o comandante enquanto ele avançava em direção à plataforma onde , sobre o trono, pendia o corpo desfigurado e caído do Grande Rei.

Lutando contra as lágrimas de ira e dor, o comandante caiu de joelhos diante de seu soberano.

A voz presunçosa do Dragão retumbou alto e baixo de sua posição na torre. - Foi um grande esporte matá-lo ontem à noite enquanto você não fazia nada. Vocês são tolos, como era seu Rei! Mal pude esperar para me deliciar em ver seus rostos quando vocês o encontrassem. " O Dragão arqueou suas asas triunfantemente. "Não importa se vocês tomaram o castelo. Eu venci." A fera se lançou para o céu e sumiu de vista.

O comandante saltou rugindo como uma fera da plataforma de volta à luta junto de cavaleiros. Golpeando e tomado de uma ira insaciável, o comandante abatia os trolls, conforme os corpos se amontoavam em volta dele e de seus homens. Os poucos trolls restantes imploraram por suas vidas: "Prometa nos poupar e nós o levaremos até o feiticeiro."

O comandante acenou com a cabeça em concordância. Ele e seus guerreiros seguiram os trolls até a torre e subiram as escadas circulares de pedra. No topo, o feiticeiro estava inconsciente no chão de laje.

Um dos trolls parecia enojado. "Ele está vivo. O dia todo ele ficou aqui caído como se tivesse desmaiado. Pensamos, sem dúvida, que ele estava em algum transe, emprestando seu poder para a defesa do castelo. Mas ele agora é inútil para nós. "

O senhor dos elfos ao lado do comandante, implorava: "Dê-me a honra de cortar a garganta do bruxo e eu lhe darei metade da minha riqueza." Em seguida, o elfo atou de modo rude as mãos do feiticeiro para o caso de ele acordar.

"Ainda não", o comandante olhou para o rosto inconsciente do odiado feiticeiro. "Devemos executá-lo lentamente na ameia da torre, à vista de onde a luta prossegue no quarto pátio. Isso vai reunir nossos homens e desanimar os malditos trolls. "

Eles o arrastaram para a passarela circular da ameia da torre. Colocando uma corda no peito do feiticeiro e sob seus braços, eles içaram seu corpo inconsciente para pendurá-lo em uma amurada. Então, com o toque de uma trombeta, os cavaleiros na ameia chamaram a atenção para si próprios e para o prisioneiro.

"Trolls", anunciou o comandante. "Seu mestre está em nossas mãos. Vamos acabar com ele diante de seus olhos. Deponham as armas agora ou sofram o mesmo destino que ele. Rendam-se e viverão. " O comandante deu um tapa no rosto do feiticeiro na esperança de acordá-lo. Ele desejou fervorosamente que o feiticeiro estivesse consciente para sofrer cada corte em seu corpo, mas não adiantou. Não podiam despertá-lo.

O comandante ergueu a espada, saboreando a expectativa de infligir o primeiro golpe. Antes de desferi-lo amaldiçoou o feiticeiro e quando estava prestes a matá-lo, uma intensa explosão de luz ofuscante quase o derrubou.

Da torre leste, uma figura brilhante caminhou para a ameia. O comandante piscava tentando limpar a vista. Olhou então novamente para a pessoa que caminhava em direção a eles.

"Isso é algum truque do feiticeiro, sem dúvida!" exclamou o senhor dos elfos.

"Não. É o Grande Rei! " O comandante alcançou o Rei e o abraçou com firmeza. Uma aclamação se ergueu do exército que observava quando o Grande Rei ergueu os braços e cumprimentou seus cavaleiros na ameia. Os trolls baixaram as armas para olhar com admiração para o Rei cuja morte eles haviam testemunhado.

"Senhor, use minha espada para acabar com o feiticeiro", o comandante ofereceu, vendo que o Rei não trazia qualquer arma.

"Não haverá execução", respondeu o Rei. "O feiticeiro não é mais um inimigo. Depois que ele gastou sua raiva em mim e pensou que tinha vencido, finalmente foi capaz de ver seu verdadeiro adversário. Ele não foi atingido por algum transe ou encantamento, mas pela própria dor, uma profunda tristeza por quem ele se tornou. Agora, sua restauração começa. "

"Certamente, você não pretende perdoá-lo!" protestou o comandante.

"A maldição do Dragão foi quebrada para todos vocês", anunciou o rei. "Não haverá execução. Você não se cansou da morte? "

Os guerreiros balançaram a cabeça lentamente enquanto lutavam para abandonar seu desejo pelo sangue do feiticeiro. Passando por eles, o Grande Rei desceu o feiticeiro inconsciente, das cordas, para que se deitasse a seus pés e então se ajoelhou para afrouxar suavemente os nós de seus pulsos.

"Quando ele despertat, terá muito o que aprender sobre reparação e como viver com integridade. Mas, a cada dia que ele escolhe a verdade ao invés do poder, mais bem fará do que todo o mal causado no passado."

Reflexão pessoal

Os trechos da parábola que mais me tocaram...

_____
_____
_____
_____
_____

Quando leio esses trechos, sinto...

_____
_____
_____
_____
_____

Que situações na minha vida considero análogas à parábola?

_____
_____
_____
_____
_____

A JORNADA CONTINUA
Tecendo sua própria história

Escreva um conto de fadas sobre sua vida. Não se preocupe com a ortografia ou gramática. Deixe sua imaginação voar. Você é um príncipe, um elfo ou um integrante do povo das fadas? Como era terra onde você cresceu? Houve maldade em sua infância causada por um troll, uma bruxa malvada ou um dragão? Quais foram os maiores obstáculos em seu crescimento pessoal?

    O que você tem procurado durante sua vida? Inclua um final sobre como sua busca será resolvida, mesmo que você ainda não tenha experimentado esse final.

Era uma vez . . .

A JORNADA CONTINUA

APÊNDICE 1

Explorando as parábolas em grupo

As parábolas podem ser usadas para uma mudança de ritmo em um grupo de suporte terapia em grupo, cujo trabalho já esteja em curso.

Ou, então, um grupo pode ser formado especificamente para o trabalho de crescimento pessoal usando as parábolas.

Sugestões de Grupo

Entre 1 e 1h30 de duração.

1. Leitura em grupo da parábola escolhida para compartilhar a experiência da história.

Mesmo que os participantes já tenham lido a parábola anteriormente, é recomendável reservar um tempo para se vivenciar a história no início de cada reunião. De tal modo, as emoções e sentimentos estarão ativados para que se possa interagir.

Informe os participantes que você reservará dez minutos no início para que eles leiam a parábola e tenham tempo para refletir. Se optar por música de fundo, a escolha deve ser por algo agradável. Faça os ajustes de tempo entre leitura e música, que julgar necessários.

Como alternativa, a leitura pode ser feita em voz alta, por revezamento entre os participantes do grupo, incluindo o tempo necessário para as devidas reflexões antes do compartilhamento

2. Compartilhamento
Se o grupo for maior do que dez pessoas, você pode querer dividi-lo em turmas menores de cinco ou menos participantes, para que todos tenham

tempo para compartilhar, se assim o desejarem. Quanto mais ouvimos os outros compartilharem, mais aprendemos sobre nós mesmos.

Converse com os participantes
- Ninguém é obrigado a compartilhar.
- Limite seus próprios comentários ou observações à sua experiência pessoal.
- Apoie os outros sem incorrer em dar conselhos ou oferecer soluções.
- Evite criticar ou sair em defesa de outros membros do grupo.
- Seja discreto(a). O que você houve durante os encontros deve permanecer nas reuniões.

3. Alternativas

Role-Playing

Solicite aos participantes que interpretem uma parte importante da parábola por um ou dois minutos. Alguns exemplos:
- O Dragão – os aldeões recriminam o príncipe pela sua fraqueza.
- Dama de Companhia – A mulher serve a todos à mesa. Porém, não tem tempo de sentar e comer sossegada.
- Nas Asas do Dragão – O príncipe, à janela, e está em dúvida se deve seguir o Dragão noite afora ou permanecer no castelo com o Grande Rei.

Depois das atuações, voluntários podem compartilhar como se sentiram durante a encenação e os demais membros do grupo falarem sobre como foi assisir.

APÊNDICE 1

Modelo de Anúncio

Grupo de Crescimento Pessoal
19 Semanas

Uma jornada interior com o livro Parábolas para o crescimento pessoal.

Entre as questões a serem exploradas estão comportamentos autodestrutivos, codependência, a criança interior, estabelecimento de limites, depressão, autoconceito, perda da infância, abuso infantil, interações familiares disfuncionais, medos, ansiedade, vitimização por grupos não saudáveis, perdão, perda e luto.

As parábolas acontecem em um reino mítico, não muito longe de nossas próprias lutas internas.

Um príncipe que cai sob o domínio de um dragão pernicioso e destrutivo permite que você experimente o processo de recuperação de um comportamento autodestrutivo. Em outra parábola, um espelho encantado leva uma princesa a acreditar equivocadamente que tem uma aparência grotesca até finalmente descobrir sua verdadeira identidade.

As parábolas nos ajudam a olhar para nossas próprias feridas e a abraçar a cura. A cada semana, discutiremos uma parábola diferente, exploraremos a luta em nossas próprias vidas e apoiaremos uns aos outros para seguir em frente.

Local: _____ Horário: _____ Datas: _____

Coordenador (es) de grupo: _____

Contatos: _____

Para um grupo de seis ou dez semanas, faça as modificações que julgar necessárias e escolha as parábolas que decidir usar.

APÊNDICE 2

Os Doze Passos da Recuperação

1. Admitimos que éramos impotentes perante pessoas, substâncias e coisas – que tínhamos perdido o domínio sobre nossas vidas.
2. Viemos a acreditar que um Poder superior a nós mesmos poderia devolver-nos à sanidade.
3. Decidimos entregar nossa vontade e nossa vida aos cuidados de Deus, na forma em que O concebíamos.
4. Fizemos minucioso e destemido inventário moral de nós mesmos.
5. Admitimos perante Deus, perante nós mesmos e perante outro ser humano, a natureza exata de nossas falhas.
6. Prontificamo-nos inteiramente a deixar que Deus removesse todos esses defeitos de caráter.
7. Humildemente rogamos a Ele que nos livrasse de nossas imperfeições.
8. Fizemos uma relação de todas as pessoas que tínhamos prejudicado e nos dispusemos a reparar os danos a elas causados.
9. Fizemos reparações diretas dos danos causados a tais pessoas, sempre que possível, salvo quando fazê-lo significasse prejudicá-las ou a outrem.
10. Continuamos fazendo o inventário pessoal e, quando estávamos errados, nós o admitíamos prontamente.
11. Procuramos, através da prece e da meditação, melhorar nosso contato consciente com Deus, na forma em que O concebíamos, rogando apenas o conhecimento de Sua vontade em relação a nós, e forças para realizar essa vontade.
12. Tendo experimentado um despertar espiritual, graças a esses Passos, procuramos transmitir essa mensagem a outros e praticar esses princípios em todas as nossas atividades.

Os Doze Passos (para os Alcoólicos Anônimos):

1. Admitimos que éramos impotentes perante o álcool – que tínhamos perdido o domínio sobre nossas vidas.
2. Viemos a acreditar que um Poder superior a nós mesmos poderia devolver-nos à sanidade.
3. Decidimos entregar nossa vontade e nossa vida aos cuidados de Deus, na forma em que O concebíamos.
4. Fizemos minucioso e destemido inventário moral de nós mesmos.
5. Admitimos perante Deus, perante nós mesmos e perante outro ser humano, a natureza exata de nossas falhas.
6. Prontificamo-nos inteiramente a deixar que Deus removesse todos esses defeitos de caráter.
7. Humildemente rogamos a Ele que nos livrasse de nossas imperfeições.
8. Fizemos uma relação de todas as pessoas que tínhamos prejudicado e nos dispusemos a reparar os danos a elas causados.
9. Fizemos reparações diretas dos danos causados a tais pessoas, sempre que possível, salvo quando fazê-lo significasse prejudicá-las ou a outrem.
10. Continuamos fazendo o inventário pessoal e, quando estávamos errados, nós o admitíamos prontamente.
11. Procuramos, através da prece e da meditação, melhorar nosso contato consciente com Deus, na forma em que O concebíamos, rogando apenas o conhecimento de Sua vontade em relação a nós, e forças para realizar essa vontade.
12. Tendo experimentado um despertar espiritual, graças a esses Passos, procuramos transmitir essa mensagem aos alcoólicos e praticar esses princípios em todas as nossas atividades.

O programa Os Doze Passos e as Doze Tradições dos Alcoólicos Anônimos foram reimpressos e adaptados com a permissão dos Alcoólicos Anônimos World Services, Inc. ("A.A.W.S.").

A permissão para reimprimir e adaptar os Doze Passos e as Doze Tradições não significa que a Alcoólicos Anônimos tenha revisado ou aprovado o presente material ou que este seja afiliado ao programa. A.A. é um programa de recuperação apenas do alcoolismo – o uso dos Passos e Tradições do AA ou uma versão adaptada de seus Passos e Tradições em conexão com programas e atividades que seguem o padrão de AA, mas que abordam outros problemas, ou uso em qualquer outro -AA contexto, não implica o contrário.

REFERÊNCIAS E RECOMENDAÇÕES:

Alcoholics Anonymous World Services, Inc., *Twelve Steps and Twelve Traditions* (New York City: 1978)

Beattie, Melody, *Codependent No More*. (Center City, MN: Hazelden, 1986).

Beattie, Melody, *Beyond Codependency*. (Center City, MN: Hazelden, 1989).

Carnes, Patrick, Ph.D., *A Gentle Path Through the Twelve Steps: For all People in the Process of Recovery*. (Center City, MN: Hazelden, 2012).

James, John W., and Friedman, Russell, *The Grief Recovery Handbook: The Action Program for Moving Beyond Death, Divorce, and Other Losses. 20th Anniversary Expanded Edition*. (New York: HarperCollins, 2009).

Maltz, Wendy, *The Sexual Healing Journey: A Guide for Survivors of Sexual Abuse 3rd Edition*. (New York: William Morrow, 2012).

Pollard, John K., *Self Parenting: The Complete Guide to Your Inner Conversations*. (Generic Human Studies Publishing, 2018).

Schiraldi, Glenn R., *The Adverse Childhood Experiences Recovery Workbook*. (Oakland, CA: New Harbinger, 2021).

Weekes, Claire, Dr., *Hope and Help for Your Nerves: End Anxiety Now*. (New York: Signet, 1990).

SOBRE A AUTORA

Melinda Reinicke, é doutora em psicologia, psicóloga clínica e codiretora da Reinicke Counseling Associates em San Diego, Califórnia.

www.RCAcounseling.com

Afiliações e certificações profissionais:

Associação de Psicologia da Califórnia
Associação Americana para Terapia de Casal e de Família
Treinamento de nível I e II em EMDR para resolução de traumas

Para obter informações sobra traduções da obra e saber mais como aprofundar o uso do material e recursos adicionais, visite:

www.ParablesForPersonalGrowth.com

AGRADECIMENTOS

Com gratidão

À Esly Carvalho, Ph.D., pelo carinho demonstrado pela obra e pela energia incansável ao publicar uma edição revisada e viabilizar as traduções do livro.

A Aaron, meu gentil e belo príncipe, com quem pretendo seguir vivendo feliz para sempre.

Aos meus clientes, corajosos peregrinos, que me permitiram caminhar ao lado deles quando cruzavam trilhas muito difíceis.

Aos muitos e queridos amigos por suaspreces pela nova edição do livro. E especialmente à guerreira Kim Ruby.

Acima de tudo, ao Grande Rei, que me ajuda na luta contra os dragões, trolls e ogros da minha vida. Sua terra é, de fato, um lugar maravilhoso.

MAIS LIVROS DA TRAUMACLINIC EDIÇÕES

Conheça nossos livros
www.traumaclinic.com.br

A Neurobiologia do Processamento de Informação e seus Transtornos

Uri Bergmann, Ph.D.

A Revolução EMDR

Tal Croitoru

Brainspotting

David Grand, Ph.D.

Cura Emocional em Velocidade Máxima

David Grand, Ph.D.

Curando A Galera Que Mora Lá Dentro Esly Carvalho, Ph.D.

Cure Seu Cérebro, Cure Seu Corpo

Esly Carvalho, Ph.D.

Definindo e Redefinindo EMDR

David Grand, Ph.D.

Deixando O Seu Passado no Passado Francine Shapiro, Ph.D.

Dia Ruim... Vá Embora
Ana Gómez

Dia Ruim... Vá Embora
Ana Gómez

O Cérebro no Esporte

David Grand, Ph.D.

Casal em Foco

Silvana Ricci Salomoni

O Gêmeo Solitário

Peter Bourquin e Carmen Cortés

O Mensageiro EMDR

Tal Croitoru

Resolva Seu Passado

Esly Carvalho, Ph.D.

Ruptura e Reparação

Esly Carvalho, Ph.D.

Saindo Dessa

Esly Carvalho, Ph.D.

Terapia EMDR e Abordagens Auxiliares com Crianças

Ana Gómez

Transtornos Dissociativos

Anabel Gonzalez

Trauma e Pós-Parto

Jay Noricks, Ph.D.

Mais Além do Eu

Mario Salvador

Desatando Nós, Construindo Laços

Jackeline Gomes

www.ingramcontent.com/pod-product-compliance
Lightning Source LLC
Chambersburg PA
CBHW021155160426
43194CB00007B/747